（原著第二版）

D AND V
设计思维与视觉文化译丛

Gavin Ambrose, Paul Harris

视觉传达

的设计思维

Design Thinking for Visual Communication
2ND EDITION

[英] 加文·安布罗斯 著
保罗·哈里斯

李淳 高爽 译

中国建筑工业出版社

著作权合同登记图字：01-2016-7172号

图书在版编目（CIP）数据

视觉传达的设计思维（原著第二版）/（英）加
文·安布罗斯，保罗·哈里斯著；李淳，高爽译，—
北京：中国建筑工业出版社，2017.11
　（设计思维与视觉文化译丛）
　ISBN 978-7-112-21256-9

　Ⅰ. ①视… Ⅱ. ①加…②保…③李…④高… Ⅲ. ①视
觉设计 Ⅳ. ①J062

中国版本图书馆CIP数据核字（2017）第233096号

Design Thinking for Visual Communication (2nd edition) by Gavin Ambrose and Paul Harris.

责任编辑：李成成　段　宁
责任校对：王　瑞　王宇枢

设计思维与视觉文化译丛
视觉传达的设计思维（原著第二版）
［英］加文·安布罗斯　保罗·哈里斯　著
李　淳　高　爽　译
*
中国建筑工业出版社出版、发行（北京海淀三里河路9号）
各地新华书店、建筑书店经销
北京锋尚制版有限公司制版
北京利丰雅高长城印刷有限公司印刷
*
开本：889×1194毫米　1/24　印张：8　字数：200千字
2018年1月第一版　　2018年1月第一次印刷
定价：65.00元
ISBN 978-7-112-21256-9
（30895）
版权所有　翻印必究
如有印装质量问题，可寄本社退换
（邮政编码　100037）

Futro Fanzine

这幅由Futro创作的海报，盗用了著名快餐品牌的logo，并通过其样式改编成教堂建筑或大主教教冠的形象，为其赋予了"有组织的宗教"的内涵。挪用的手法，将快餐品牌的特征和彩色方案转换成了一种新的文本，它暗示了有组织的宗教与强大的营销下的大众全球品牌有异曲同工之处。该设计对于人们如何看待大型企业和宗教提出了质疑。

图中：Multipraktik

图中：NB工作室

图中：马克工作室

图中：设计即玩耍

MUCH BETTER.
THANK YOU.

图中：Futro

图中：规划阶段

"设计不能在手中把玩。因为它不是一件物品，而是一个过程，一个系统。它是一种思考方式。"

——鲍勃·吉尔
《平面设计作为人类的第二语言（*Graphic Design as a Second Language*）》

设计是一个互动的过程，我们可以在这段互动旅程中，即从客户提出的任务书到完成最终成果的每一个阶段，看到设计思维的呈现。任何给定的任务书都能制作出不同的设计解决方案，这些解决方案在创意、实践和预算方面都会有很大的差别。

这本书旨在展示设计思维的概况，它涉及设计过程的每个阶段：设计师采用不同的设计方法，产生和改进创意的想法；协助塑造创意想法的主要因素；以及使设计团队通过每一项任务而学习，提出未来委托任务的反馈和回顾意见。

通过对当代作品详细研究和对基本理论进行分析，我们对设计师如何产生解决问题的设计想法，从而制作出有创意的解决方案以最大限度满足任务书规定的目标这些方面都进行了仔细调查。

思考阶段

思考阶段是兼顾考虑设计任务书和项目阐释的任务，总结设计过程的不同阶段，以及考虑每个阶段的关键因素，从而作出成功的设计。

研究

该部分专注于信息收集，以帮助设计师产生设计思想。

它包括消费者的档案资料调查和目标群体的阐述，定量和定性信息分析以及以往项目的反馈。

产生创意

这里我们关注的是设计师如何利用不同的方法和灵感资源，产生针对任务书而言，有创意的设计解决方案。这其中包括草图的绘制、头脑风暴和设计史上使用的代表性范例。

提炼

该部分关注的是总体设计概念是如何精炼的。我们将仔细斟酌如何使用图像、文字、色彩和基底，以强化设计想法，增加它的有效性。

原型研究

设计师需要将设计想法向测试目标群体展示并清晰地表述出来，以获得客户的认可。这里我们要关注，如何让模型、模板和故事线帮助我们传达设计思想，从而使受众能够充分理解这个背景下的设计思想。

实施

该部分关注的是想法如何通过生产而变成现实。实施过程必须确保设计细节得以落实，确保最终产品能够令客户满意。

客户: 格蒂图像 (Getty Images)
设计: 加文·安布罗斯
设计思想: 通过照片的选择来回应设计所要传达的信息。

格蒂图像

这些卡片由加文·安布罗斯创作，旨在宣布格蒂图像体育部门即将推出的移动办公。朱利安·赫伯特拍摄的上图和麦克·休伊特拍摄的下图描绘了令人印象深刻的运动场景，意在反映该公司办公室的物理运动。这些卡片也使用了幽默的手法；当一群动物奔跑离开的时候，另一群动物刚刚到达。

第一章

思考阶段

设计是将任务书或者是客户的要求，转化成产品或设计解决方案的过程。设计过程可以说由7个阶段构成：①定义；②研究；③构思；④原型；⑤选择；⑥实施；⑦学习。其中每一个阶段都要求设计师将自己的设计思想融入其中。本章将概述这7个阶段，并概述它们需要的设计思想的方方面面，后续章节将更细致地呈现设计过程的具体阶段。

设计过程涉及高度的创意，但是它却以某种方式受到过程的控制和指导，从而引导设计师生产出可行的、实用的、满足或超越任务书规定目的的设计解决方案。

虽然在设计中，创意非常重要，但是设计是一种服务于经济，同时又服务于创意目标的活动。设计过程有助于确保设计满足所有需要考虑的因素。这个过程致力于产生若干解决方案，并利用各种各样的技术或原理，鼓励参与者打破墨守成规的思考，以追求创意或革新的解决方案。

创意工作室（对页）

这些图像描绘了迈尔斯科夫工作室在英国伦敦的设计工作室。该空间有助于设计师的创意思考，展示了一种有组织的混乱状态，它充满刺激，但越是沉浸其中就越能感受到秩序。工作室的墙面用于呈现整理的主题研究，其会议区域有一种非正式的感觉，以促进设计师的头脑风暴的展开。该空间非常灵活，具有较强的适应性，可以被填满，也可以被更新，以帮助设计师将设计思考过程持续循环起来。

设计进程

设计进程中的7个步骤可以被看作：①定义；②研究；③概念形成；④原型；⑤选择；⑥实施；⑦学习。

首先，设计师需要在**定义阶段**定义设计问题和目标观众。对问题和设计产品的限制的精确理解，使设计师发展出更精确的解决方案。这一阶段决定了一个项目成功与否、什么是必要的。**研究阶段**回顾了例如设计问题的历史、最终用户的研究和意见导向的采访，并鉴定潜在的障碍。

在**概念形成阶段**中，设计师要鉴定最终用户的动机和需求，可能会通过头脑风暴，形成满足最终用户的动机和需求的概念。

原型阶段涉及概念的解决或设想，在将设计概念展示给客户之前，设计师会将原型展示给用户群体和利益相关者，请他们对原型进行评审。

在**选择阶段**，设计师会检验提出的设计解决方案是否满足设计任务书的目标。有些设计方案可能很实用，但可能不是最好的。

实施阶段包括设计发展和向客户提交最终的成果。

学习阶段帮助设计师提升他们的展示水平，因为这一原因，设计师应该寻找客户和目标受众的反馈，以决定解决方案是否满足了任务书的目标。设计师可能会根据这一阶段的学习，决定未来是否需要作出设计的改进。

尽管设计进程通常是线性的，如下图所示，但设计师会频繁地对前面的环节进行回顾，以便在设计成果逐渐形成的过程中，依然能对设计进行再加工。

定义　研究　概念形成　原型　选择　实施　学习

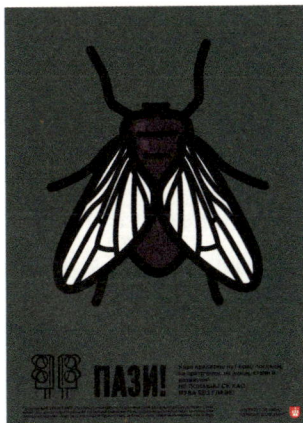

客户：沃伊沃迪纳公共健康协会
(Institute for public Health of Vojvodina)

设计：彼得·格雷格森工作室
(Peter Gregson Studio)

设计思想：醒目的颜色、抢眼的信息和集中的发布

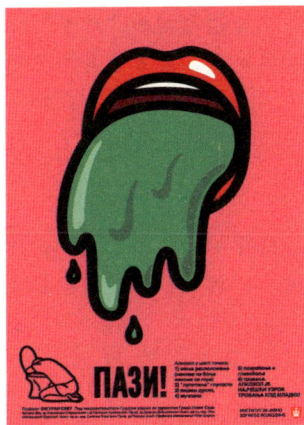

思考阶段

谨防

图为彼得·格雷格森工作室为沃伊沃迪纳公共健康协会的《安全的世界》项目创作的海报，设计师采用了鲜明色彩的简单图像，海报上强烈的信息，告知和教育年龄段在7～12岁的孩子，在日常生活中，由于缺乏注意或缺少应对的知识从而可能发生的潜在危险。设计师将这些海报展示在孩子们更加熟悉的空间中，例如大厅、厕所和教室的墙上，而不是展示在学校的信息板上。

阶段1——定义

确立问题是什么

这是任何设计进程的第一步，几乎总是会涉及产生或接收设计任务书的问题。

任务书

设计任务书展示了客户在一个工作中的所有要求。任务书可能是口头的，也可能是书面的，可能很简单，也可能很复杂。任务书包括一个需要通过设计来满足的具体的目标，但任务书也可以用具有各种各样说明的术语来表达。

我们有时候会听到这样的说法："我们需要一本能够让我们吸引20～30岁人群的册子"，"我们需要一本能够用很酷和很时髦的方式展示我们的册子"，任务书与这些说法一样的基本。随着设计师和客户在多个工作项目上的工作关系的发展，双方对于主要术语的意思都有了更好的理解。设计师需要阐释任务书，并用文字定义出客户表述的例如"时髦"和"酷"的真正意思。这样可以确保合作的双方都了解了彼此的期望。这个过程可能会涉及对于任务书中元素的正确性的质疑。例如，文本可能并不是伸展和吸引20～30岁人群的最好方式，可能线上广告对达到客户的目标更加有效。

撰写和重写任务书

客户与设计服务有不同的工作体验。介于这个原因，他们提供的任务书的质量可能会发生改变。任务书需要包括任何对设计团队启动设计进程有帮助的内容。然而，如果任务书不够实用，设计师可能需要与客户一同重新撰写任务书。

一览表：

你是否理解客户要求的内容？

客户是否理解他们的要求？

你是否赞同任务中专业术语的解释？

任务是否是有任何缺陷？

你是否能满足客户的预期？

定义　　　研究　　　概念形成　　　原型　　　选择　　　实施　　　学习

1 客户是谁，目标观众是谁？

（尺寸，性质，特征）

2 客户所考虑的设计方案是什么？

（印刷品，网络，视频）

3 何时需要设计以及设计过程将持续多久？

（项目时间量程）

4 设计将用于何处？

（媒体，位置，国家）

5 客户认为需要一个设计方案的原因

+

如何实施设计方案？

（预算，销售量，活动）

思考阶段

目标

目标是对客户希望通过委托设计工作实现的内容的简单表述，重要的是，设计师需要完全理解客户提出的设计目标，并"描绘"出你的设计思维。

设计师需要将目标具体化，从而使设计团队了解设计需要达成什么目标。问客户一些简单的问题可以明白问题的核心，可以关注客户的预期是什么、项目的边界是什么以及客户要求提交什么样的内容。

"五个W"（借用于新闻撰写），指的是五个以"W"开头的单词，当设计师以这几个单词开头向客户提问的时候，可以引出对于充分的定义一个设计项目而言非常必要的真实的答案。它们单词分别是：谁（who），什么（What），何时（When），何地（Where）以及为什么（why）和如何（How），How通常也会是最后一个问题。这些问题为设计团队提供了贯穿整个设计进程需用的细节，确定他们必须容纳的主要的约束因素。

主张

定义设计的任务书和它的目标使设计团队建立设计的总体意见。意见可以用于描述总体的想法，设计想要向目标观众展示的价值以及隐藏在价值背后的潜在性。设计师一旦决定了总体意见的内容，它便可以被更加精确地定义出来，并清晰地表达于观众。

例如，一个电子制造商制造了电子产品，但是其他很多公司也都如此。制造商的这一特殊价值包括，保持其可靠性和向用户提供高质量的服务。还是那句话，该公司的价值不是独一无二的。因此，设计的主张需要超越简单的别人做了"什么"。通过花时间思考一个设计的主张，设计师将关注随后的设计思想时间，这部分非常有意义。

USP（Unique Selling Point）（独特的卖点）

拥有对产品、价值和主张清晰的理解，对你在设计进程的每个步骤的思考都会产生影响，将这三个方面联系起来，可以确保精准传达思想。

赛舟会

图为设计工作室SEA为户外服装制造商赛舟会（Regatta）创作的logo海报，其特点是人们在农村穿着该公司制造的衣服。难忘而动人的设计方案，结合了会将其穿坏的户外服装使用者，该设计方案起源于对该组织的理解，即，他们是谁，他们做什么。

客户: 赛舟会
设计: SEA
设计思想: 品牌logo的物理表现

阶段2——研究

收集背景信息

　　一旦任务书被确定和认可，设计师就要开始研究在设计构思阶段可以注入创意中的信息。这个研究可以是定量的，即关于目标用户群体的规模大小和组成的硬性统计因素；也可以是定性的，即关于用户群体买什么或消费什么以及他们的生活方式是什么等信息。建立一个典型用户的心理模型可能比较合适，其目的在于，能使设计团队更了解用户对什么更感兴趣。心理模型包括的因素有：教育，事业，休假目的地，音乐品味，志向等。

主要研究

　　研究的主要来源是，设计师先前接手的同一个或同类客户的项目的学习阶段所获得的反馈。这样的反馈为设计师的设计工作提供了一个出发点，这个出发点说明了对一个具体的目标群体而言，什么行得通，什么行不通。

从属研究

　　从属研究是从一般的二级资源获得的信息，例如消费市场研究报告。这些信息提供了给定市场和市场部门的人口统计细目和历史表现，提供了一个市场如何构架的清晰的画面。

一览表：

你是否拥有先前项目的反馈？

你是否拥有用户群体的统计组成？

你是否理解目标市场？

用户群体的教育水平是怎样的？

用户群体的典型生活方式是怎样的？

用户群体有什么样的志向？

定义　　研究　　概念形成　　原型　　选择　　实施　　学习

想法展板

这些创意的展示板是由设计工作室为四个不同的项目编制的。他们收集了从其他部门和市场上的对手那里的信息和参考资料，将其与从参考书籍和杂志中收集的材料集中在一起，给设计师提供了项目的"地形"或"景观"的广泛背景。设计师会将所有信息注入创意的设计进程中。

阶段3——概念形成

创造有潜质的设计解决方案

在概念形成阶段，设计团队通过了解收集的资料，也参考定义阶段各种规则。这一信息用于创作执行设计任务书的设计概念。

设计师用不同的方法进行设计构思，其中一些将会在本书第三章"概念的形成"中进行更详细的讨论。设计构思的方法包括头脑风暴，概念草图，改编一个存在的可靠设计，采用一个自上而下的、关注产品、服务或公司的分析方法，或者采用一种自下而上的、关注消费者或用户的分析方法（本书第45页将对这两种方法进行更进一步的解释）。每种方法都涉及一种不同程度的创造力，选择使用哪种方法将依赖于很多因素，例如项目的预算是多少，设计需要多少独创性。

这一阶段，设计团队可能也选择利用众多的艺术和设计运动或范式之一。例如，设计师可以用现代主义、抽象派、构成主义或结构主义等各种风格解读设计任务书。

随着设计构思阶段的进展，设计概念将变得清晰，不论在定义阶段有多少误解或缺陷，不论研究进行得是否充分，设计师可以在整个设计进程中找到反馈，从而与客户解决质疑点，以处理定义阶段不明确的方面。

一览表：

你是否理解任务书？

你是否拥有有效的研究信息？

你将采用哪种方法产生设计概念？

定义　　　　研究　　　　概念形成　　　　原型　　　　选择　　　　实施　　　　学习

ANISH
KAPOOR

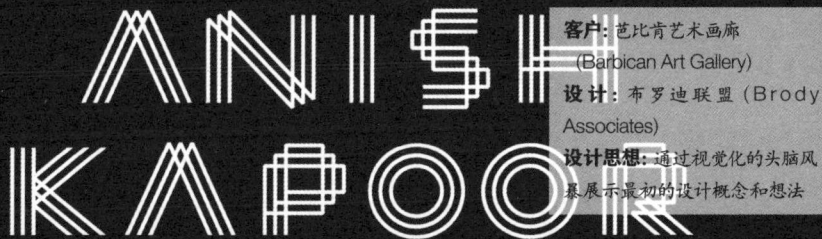

客户: 芭比肯艺术画廊
(Barbican Art Gallery)
设计: 布罗迪联盟（Brody
Associates）
设计思想: 通过视觉化的头脑风
暴展示最初的设计概念和想法

KANISH
KAPOOSR
KAPOOR

ANISH
KAPOOR

芭比肯艺术画廊

图中的这些内容是布罗迪联盟为阿尼什卡普尔在伦敦芭比肯的一次展览创作的最初的设计概念。设计师花了大量时间做实验或进行视觉化的头脑风暴，通过将艺术家的名字设置成各种不同的字体，创作出不同的视觉效果。试验阶段是无价的，它让你的思想自由漫步，你的手自由地"涂鸦"。这一阶段允许设计师自由尝试各种不同的可能性，不需要考虑什么是"对的"或什么是"错的"，自由地思考，拒绝一切先入为主的思维。

阶段4——原型

解决问题

概念形成阶段为设计任务书准备了多样化潜在的解决方案。在选择之前,有必要进一步发展方案中最有前途的那些方案。设计师在这个阶段对方案特殊的方面进行测试,为选择阶段的比较提供更好的基础。在这种情况下,设计师可以为方案创建原型。

原型可用于测试设计想法的技术可行性,从而观察它作为一个实体是否行得通。新颖的包装或图像的概念一般可以通过开发原型的方式来验证其效果。将设计师提出的设计方案制作出来的东西称为原型,原型一旦展示出来,人们便可对其视觉方面进行测试。设计师还可以用三维模型这种中肯的方式测试设计的合理性。

原型为设计团队和客户提供了可视性的和可持性的设计概念,使他们对设计的实际存在和触觉质感有一定的概念。

原型的目的是测试设计方案的特殊方面,设计师必须将它做出来,让那些方面得以展示,并得以有效评估。如果只是为了向人们传达设计概念,告诉人们设计的东西会是什么样子,那么,原型不需要用最终的材料制作出来。例如,建筑模型通常用白板制作,目的在于给建筑设计一种三维的视觉展示效果。然而,如果是一种特殊的印刷成品,那么可能使用最终材料制作原型来展示它是非常恰当的。

一览表:

是否所有潜在解决方案都需要原型?

原型将测试什么元素?

原型将有什么功能?

定义   研究   概念形成   **原型**   选择   实施   学习

客户: 悉尼市
设计: 弗罗斯特设计工作室
(Frost* Design)
设计思想: 装置为城市赋予了俏皮的基调

悉尼市

图为弗罗斯特设计工作室为悉尼公园操场创作的一个标识系统的一部分，它具有互动功能，鼓励人们用一种俏皮的方式学习。

阶段5——选择

做出选择

在选择阶段，设计师会选择建议的设计方案之一，并将其继续发展下去。选择哪个方案的关键决定标准是看哪个方案对目标满足最为合理：设计是否满足了任务书的需要和目标？它是否与目标观众获得了有效的交流，从而达到任务书的需要和目标？获胜的设计通常是那个最能满足设计任务书的方案，或者能满足设计任务书的一个重要部分的方案。一个单一的设计，也许不可能或不期望满足任务书的所有要求。例如，市场的划分越来越需要针对不同的市场，有不同的营销方式和不同的设计解决方案。

其他的因素，例如预算和时间，在选择过程中都是相关的，但有可能随着进程的发展而发生改变。首选的解决方案可能无法满足客户的预算要求，所以人们需要选出比此更低一个等级的选项。然而，预算和时间限制应该在定义阶段就敲定了，而且设计师和客户必须在整个设计过程中都考虑到预算和时间的限制问题。

工作室可能会向客户提议他们认为的最好的设计解决方案是哪个，虽然工作室的建议和意见是非常重要的，但因为客户了解自己的业务和市场，因此客户会做出最终的选择。客户的选择可能与设计师倾向的选择有所不同。在选择阶段的尾声，客户将敲定他们选中的方案，设计师因此可以进入到设计进程的下一个阶段。

一览表：

设计是否满足任务书定义的需求？

设计是否与目标观众产生共鸣？

设计是否能够准时，并在预算内生产出来？

是否还有其他的考虑因素？

客户是否赞同设计？

定义   研究   概念形成   原型   **选择**   实施   学习

THE KING'S FUND

Foco Light
Foco Regular
Foco Bold

Quote
(Tell it like it is)

"London's the doorstep to the world. It's residence demand world class healthcare."

Ronseal

· The King's Fund's review of Lord Darzis report

进度板

图为团队工作室（The Team）为英国的一家保健慈善机构国王的基金（The King's Fund）创作的一个进度板。注意它是如何展示不同的设计元素的，例如字体、颜色和位置，以接近最终的设计。设计团队可能需要相当详细地处理一个想法，然后才能决定哪个想法是最好的。

阶段6——实施

向设计任务书递交解决方案

在这个阶段，设计师将设计艺术作品和版式说明书提交给供应最终产品的人们。他们可能是印刷商、网络设计者或制作者。这一阶段为确定生产规格提供了一个很好的机会，比如印刷质量以及你期待收到什么样的产品。例如，设计师通常会在印刷进程的不同阶段给印刷工留有一些余地。这意味着设计师从印刷商那里预定了一百份传单的订单，但结果可能收到的订单不是一百份。可能会更多，也可能会更少。通过重新审查，每个人都会对预期的水准和客户的要求有更加清晰的认识。

在这一阶段，设计团队通常提供的是项目管理方面的工作，目的是确保最终结果符合设计预期，保持项目在预算的范围内准时完成。在实施过程中，如果涉及印刷工作，校样可能是必要的。它确保了印刷品准确反映设计师提供的艺术作品的方方面面。对于网页和其他电子媒体而言，校样意味着测试它的功能性和其视觉展示的效果。这一阶段以向客户提交最终的工作成果而告终。

一览表：

客户是否敲定了设计方案？

是否已经预定了印刷商或其他专业生产部门？

艺术品是否提交给了专业生产部门？

作品是否根据设计进行了校对、检验？

完成的工作是否提交给了客户？

定义　　研究　　概念形成　　原型　　选择　　**实施**　　学习

客户:海外职业复原训练 (Orto)
设计:多专业实践 (Multipraktik)
设计思想:用胶带完成的街头艺术

胶带艺术

图为多专业实践工作室组织的、由不同的艺术家通过胶带艺术创作的街头艺术装置,有黏性的胶带在艺术家的手中变成了不同的图像,这些图像被安装在墙上、建筑上以及公共空间中。胶带艺术代替了笔和涂鸦的喷漆罐,追随了传统的海报张贴和涂鸦板的方法。

思考阶段

阶段7——学习

回顾反馈，以评估最终的产品中，什么可行，什么不可行

设计进程的最后阶段，涉及对于贯穿整个设计进程发生的所有事情的学习。这是一个反馈阶段，在这个阶段，客户和设计代理机构可能会决定什么是能够行得通的，哪些地方还需要提升。

随着设计的实施，客户可能开始寻找或接收来自目标客户的反馈，即目标客户如何接受产品以及目标观众如何从其影响中收益。因此，通过反馈，设计公司可以发现观众对设计的反应是怎样的。

产生于设计进程最后阶段的反馈，成了使未来项目做得更好的一个学习机会。它成了定义和研究阶段的信息来源之一。设计出现的任何问题都是因为对任务书缺乏信心或对关键问题的理解匮乏所致。随着时间的推移，设计师和客户通过反馈，达成了理解的共识。这一共识为未来的生产能够越来越优化提供了便利的条件。

即使学习阶段出现在我们确定的七个阶段的最后一个阶段，实际上，它贯穿于整个设计进程中。在每个阶段，你都需要估计你在哪里，你的前进方向是哪里，什么可行以及什么不可行。具备了从设计进程的每个阶段学习的能力，将会增强设计师设计思维的发展，帮助设计师产生原创的和成功的设计。

一览表：

是否与客户谈论过关于设计实施的成功之处？

实施怎样能够成功？

客户的反馈有哪些？

哪些方面可以被改进？

定义   研究   概念形成   原型   选择   实施   **学习**

客户：澳大利亚导演协会
(Australian Directors Guild)
设计：弗罗斯特设计工作室
设计思想：利用客户反馈形成新
的设计方向

katherine giovenali
event manager
events@adg.org.au

australian
directors
guild

PO Box 211
Rozelle NSW
Australia 2039
PH: +61 2 9555 7045
FAX: +61 2 9555 7086
AH: +61 2 9990 6702
www.adg.org.au

澳大利亚导演协会

澳大利亚导演协会邀请弗罗斯特设计工作室为他们重新设计Logo。新logo设计的出发点来自客户的反馈：它现有的logo很老旧，无法准确表现它的目标和它的会员。新的logo采用了协会的首字母，并将其字体进行了改编，使字体象征相机的光圈。将logo重叠在导演的肖像上的这种方式，象征着导演的眼睛和相机光圈之间的相互影响。

NB工作室：重新思考时间与空间

随后几页中的图片是NB工作室为伦敦博物馆声明重新开张创作的一个宣传广告的设计概念。

问：你能否解释一下伦敦博物馆项目的背景？

答：伦敦博物馆投资2000万英镑，开设了新型互动画廊，并让博物馆重新开张。我们必须考虑到伦敦是一个拥有超过300个博物馆和世界著名文化机构的拥挤市场，我们为其创作一个宣传广告，使人们在短短的几周时间里，在适度的媒体预算内，与尽可能多的人建立连接。

因为很少有城市能够与伦敦这个拥有令人惊奇的历史和人物的城市相抗衡，我们想出了一个广告活动，即，通过将历史事件带入到它发生的同一个地点，将过去的故事即时带入到现在，为人们带来了视觉上的快感。在博物馆里，我们与专家一起，查阅了伦敦博物馆的图片档案，从可以让现代伦敦人产生共鸣的伦敦历史中，寻找有纪念意义的图片。这个广告为期一个月，穿越了整个大伦敦，其广告形式包括伦敦地铁的海报，特定的场地装置，在伦敦的报纸和杂志上刊登广告，向博物馆各种各样的利益相关者发传单、邀请函、明信片和各类营销材料。广告的结果则是，在博物馆的开放周中，游客的数量超过了目标的两倍，开幕后的12个月中，游客数量比前一年高出94%，比预测的数量高出20%。

NB工作室是一家专门从事品牌设计和交流的设计代理机构，坐落在伦敦。
www.nbstudio.co.uk

项目的研究阶段确定了伦敦主题的关键图片，例如，比尔·勃兰特在二战的闪电战期间拍摄的睡在地铁中的人群的照片（上图）。NB工作室在图片上加入了"你在这里"的一行字。该设计被用于一个48寸的海报中（下图），设计师将这张照片的仿真品做成海报，安装在这张原创照片拍摄的地方，elephant and Castle地铁站，向市民们展示这个地铁站过去的样子。

图为"你在这里"广告的海报，它将很多地方的历史图片展示在了现在的同一个位置，使现代的伦敦人与他们城市过去的历史建立了链接。

问：为了提升创意，你在工作室注入了什么样的工作过程？

答：每一个在NB的人都有惊人的创意力；否则他们就不会在这里了。不论是什么项目，我们一直从创意任务书入手。我们与客户分享了很多很多的问题，这让客户真正参与到了设计进程中，让他们觉得自己是我们创意过程中的一部分。我们会以团队的形式开始每一个项目，想法越多越好，人们总是会从别人的想法中获得有价值的东西，然后将其变得更好。NB工作室采取的是合作的工作方式，我们进行中的所有项目都会被挂在工作室的墙上和地板上，使得所有的想法都

图为从伦敦博物馆档案中找到的一张伦敦桥的历史图片，人们持着图片与现实的伦敦桥相比，这个活动作为"你在这里"广告的一部分，将现代伦敦人与他们城市的历史连接在了一起。

能得到分享，都能被看到或是放弃，然后我们逐渐将概念深入，直到概念最终得以展示。我们也试图找到有趣的方式来介绍我们的员工，有时会在工作室外面，或是在博物馆中。这会让我们产生不一样的即时性思考。

问：你们所接受到的，最好的关于更有创意的思考的建议是什么？

答：保持开放的思想，将自己放在消费者的立场上，永远保持好奇心。

客户: BOAI
设计: 无思考工作室 (Unthink)
设计思想: 在设计中，产品设计中
使用了识别和纳入

第二章

研究

　　一旦任务书被认同和确定下来，研究阶段就可以开始了。在研究阶段，设计团队会调研任务书的素材，目的在于增加能够用于影响设计决定的相关信息。

　　研究目标群体是必要的，目的是为了使设计包含与目标群体进行有效交流的信息。它也可以使设计避免包含那些可能会疏远或剥夺目标群体的信息。

　　获得对目标群体的清晰理解，能够为创意构思阶段起到信息喂养的作用。这直接影响到设计解决方案的概念的产生。

　　这一章概述了设计团队为了获得对客户业务和目标群体组成更好的理解而采用的一些研究技术。

BOAI（对页）

这个DVD的设计特点是将某人手持DVD的画面重复出现在了DVD上。DVD的形状非常有限，其"画布"相对很小，在DVD上做设计是非常有挑战性的，但是提供设计思维意味着产生有创意的解决方案永远都是有可能的。该设计基本展示了产品的使用，展示了设计团队通常在研究过程中试图发现的地方。目标观众非常欣赏这个设计中的幽默感和反讽的意味。

发觉驱动力

研究阶段的目标是识别什么驱动力能够刺激设计，并能作用于目标群体，了解什么会妨碍一个设计取得成功。

驱动力

　　驱动力是为开创和支持活动而创作的设计的知识和条件。知识和条件可以包括如下一系列参考术语：市场影响力，时尚和当下的音乐趋势。

　　通过发觉这些驱动力，设计团队将能够鉴识出哪些是人们能接受的刺激。例如，报纸的市场影响力正在向在线出版的方向发展，而远离传统印刷出版业。想要推出新的通讯产品的人需要意识到这一驱动力。

障碍

　　在研究阶段，设计师需要发掘出设计中的障碍是什么，以至防止项目由于技术、合法性或市场的原因而没有机会得以实施。障碍可以是规则和准则，例如，产品包装能展示什么，不能展示什么，就是一种准则，也是一种障碍。技术障碍可能包括存在于不同国家的标准系统。例如，邮政公司希望使用的信封尺寸可能影响到大批量的邮件格式。市场障碍可能包括主要竞争者的购买力度和分配力度，这一障碍可能会限制产品进入经销店。

　　驱动力有时候也可能成为障碍。设计师可能会创造一个绊脚石。例如，当消费者正在将自己的注意力转移到在线内容源的时候，推出一份新的报纸似乎是反驱动力的。

客户：吉百利巧克力 (Cadbury)

设计：输出工作室 (Studio Output)

设计思考：重新推出的产品基于最初的形象，创造了怀旧的感觉，回应了目标观众的要求。

吉百利巧克力

这个广告是由输出工作室为Wispa巧克力棒的重新上市而创作的。这次的重新上市是公众对于经典品牌回归需求的回应。设计建立在现有的品质形象之上，因此，它营造了围绕着品牌的怀旧的气氛。

信息收集

研究的信息可以被分为两类：定量的和定性的。这些信息有助于设计师确定目标市场的大小和它的特征。

定量

定量信息是数字信息或统计信息，它能够使设计团队为目标市场分配物理尺寸。市场总销售价值、年销售额以及25~30岁的消费者的数量等，都是定量信息。

定性

定性信息有助于设计团队理解为什么事物是它们现在这个样子的；定性信息是人们是否对某些刺激做出回应的记录。定性信息通常通过与参与者面对面的采访而获得，参与者会谈论他们对于一个既定主题的体验和偏爱。设计师通常通过群体的讨论或焦点小组，或是通过对精挑细选的个体的深入采访而获得定性信息。

调查类型

定量和定性的信息有时候可以来自参考书阅览室，但是如果那里没有需要的信息，设计师可以通过委托的方式获得新的调查信息。其中可能包括：

统计测定——从数据中整理定量信息

抽样——从总体样本中整理信息，以说明整体

民意测验——采用抽样调查的方式评估公众的看法

定量市场研究——为市场营销的整理数据

付费统计调查——给提供了消费行为信息统计的参与者予以报酬

问卷调查——包括一系列问题

综合调查——在常规的月度共享调查中提出问题

客户: INSEAD
设计: NB工作室 (NB Studio)
设计思想: 用树叶隐喻信息收
集

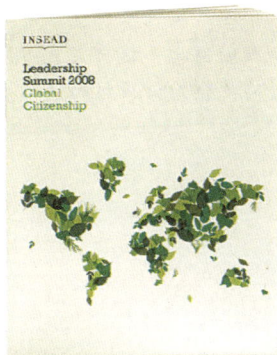

INSEAD

图为NB工作室为INSEAD2009年亚洲领导峰会（Leadership Summit Asia 2009）创作的平面标识。为了强调峰会的目标——发现正在新兴的商业模式——该设计采用了由各种树叶构成的世界地图作为其设计特色，设计师用收集树叶隐喻了从世界各地收集信息。

图形技术

图形可以在不同的信息和想法的关系之间，提供一种很好的组织方法。通过图形的创作，设计团队可以快速获得构架目标群体的方式，可以快速理解这个群体中的一些关键关系可能是什么。图形还可以提供一种方式，帮助设计师沟通研究阶段的研究结果。例如，它们可以用于展示团队对于客户市场组成的理解。

人们可以利用各种各样的图形方法表达影响构思阶段的不同类型的关系。这其中包括样品散点图（对页上图）和维恩图（对页下图）。

维恩图是一种常用的图解技术，用以展示群体信息，1880年由约翰·维恩创作而成，维恩图展示了一组定义好的集合之间的逻辑关系。每组的所有人口用一个圆形表示，组与组之间的关系以及他们包含的人口，都需要通过圆形之间的彼此互动或重叠得以展示。

这些互动展示了组与组之间所有可能的逻辑关系，它使观者可以通过视觉化的方式理解它们之间的关系。例如，女性的所有人口是整个人类人口的子集。右图中展示的是一个基本的两组型维恩图，展示了两个有限群体之间的各种关系。

使用图形

设计师采用图形这种容易理解的视觉方式，帮助人们领悟和理解定性或定量信息。设计师发展了大量不同的、带有越来越高的复杂性的图形来展示详细的信息，这种方式可以鉴别出受众兴趣的主要趋势或元素。图形方法的选择应该适合调查的数据组，设计师通常会使用展示其他相关数据的若干方法，以建造分析对象的模型。

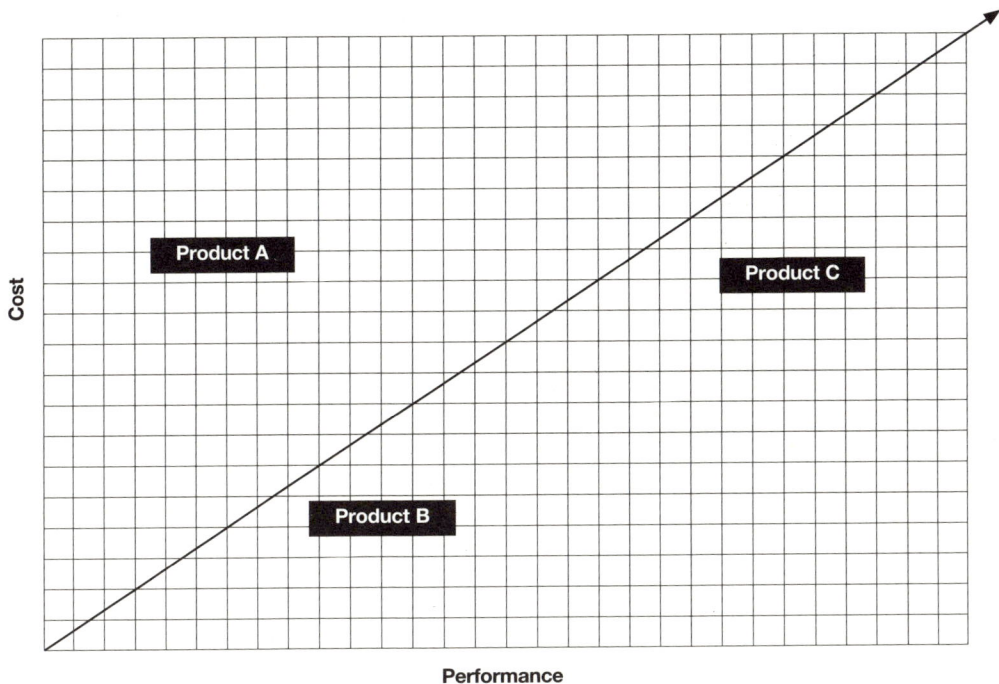

样本的散点图

　　在散布式绘图法中，可以绘制任意两个或多个标准。这种图可以帮助读者从多个变量的关系中提炼其中的意义。在设计中，这些图可以清晰地向客户表达出你认为的他们的产品或服务应该针对什么样的人群。

包含

　　大圆可以代表"人类"，小圆可以代表"女性"。因此"女性"是"人类"的子集。

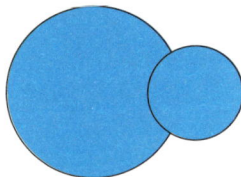

并集

　　两个圆中的所有内容属于合集。例如，图形可以展示人口的性别，大圆代表看电视的"男人"，小圆代表"女性"。

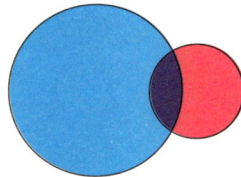

交集

　　大圆可以代表"女性"，小圆代表"踢足球的人"。深颜色的区域是两个圆的重叠区域，它代表"踢足球的女性"。

研究

目标群体

研究阶段定义和提供了一个部门及其特性下的消费者或使用者的不同群体的基本分类。

一旦定义了目标群体,设计师可以通过定性和定量信息,开展关于目标群体的组成和习惯方面更加细节的研究。例如,群体的性别、教育水平和收入水平(此三项属于定量信息)和动机、喜好、厌恶和抱负(此四项属于定性信息)。

有时候设计师可能需要将自身置于典型群体的情境之中,记录其思考和观察。设计师还可以利用其他的影响模拟年轻或年老的用户,或残疾人用户的体验。

详细的研究为设计团队构建了目标用户资料,创建一个虚构的"典型用户",从而为资料增色。这为设计师在构思阶段创作设计解决方案提供了基础。

一览表:

群体的性别,年龄,社会经济人口分别是什么?

该群体具备什么样的教育和收入水平?

该群体渴望的生活方式什么?

他们购买或消费什么样的媒体?

他们去哪里购物、就餐,去哪里度假?

特征资料

特征资料是在研究阶段开发的一个工具，它包括一个特定人群的文字和图形信息。设计师在设计过程中使用特征资料刺激想法的形成，帮助设计师作决定。

特征资料是通过寻找定义目标群体的关键词和关键特征而构建的。而后，关键信息可以通过视觉线索进行补充，例如杂志切割，设计师还可以利用关键信息，通过该群体的虚构典型特征，构建出一张生活的景象。这些关键信息可能会包括，该群体的人开的车，他们在哪里度假，他们使用的技术，他们的渴望以及其他任何特质。这是一个心理模型结构，通过对群体习惯和购买方式的研究，采用头脑风暴以及其他工作进程将关键信息聚合在一起，识别和定义群体的关键特征。切记！做假设是非常危险的。做特征资料的时候还应考虑到群体的异常值；更加极端的人可能没有表现出典型的行为，但是也会与大多数人拥有许多共同的特质。

通过一直关注项目中的情节串连图板，设计师具备了连续的参考，并具备了站在目标群体的角度去考虑问题的能力，他们会不断地问自己："针对我的这个概念，目标客户会怎么想？"，并将他们思考的答案作为作决定的准则。

二手研究

二手研究涉及消费者、竞争者和例如社会和经济趋势等的相关趋势的收集和现存发布信息的使用。二次研究可以为设计进程提供关于目标群体、市场和潜在趋势的总体信息。

资源

我们可以在公共参考图书馆和网络上找到各种各样的二手数据资源。这些资源可能会利用订阅源每天自动为你重复搜索。二手数据资源包括报纸和行业期刊、博客、会议论文、市场研究报告、行业协会和官方的统计，商业报告（KeyNote, Euromonitor, Mintel, Datamonitor and EU），大学研究论文和智库。

一览表：

我们是否有足够的信息建立一个特征资料库？

我们还缺少什么关键信息？

是否有问卷调查和民意调查可以填补这一空缺？

样本与反馈

为了理解目标群体的动机、行为和愿望，人们必须从细节对其进行研究。因为盘问每个人不现实，所以需要选择一个样本群体。

样本

样本群体通常是一个由五到十人组成的集合，他们会为设计师分享他们作为目标群体的特征，分享的方式可以是一对一采访，问卷以及焦点群体。选择的样本应该和所研究的可能的总人口具有同样的代表性，样本的选择应该首先由定义群体的最重要的属性来决定。其中包括年龄、教育水平、种族和社会经济。

反馈

设计是一个互动的过程，在这个过程中，我们需要寻找和接受来自各个阶段的内部和外部的反馈。设计师主要在设计进程结束时获得学习机会，那时，设计师可以从一个设计的实行、验收以及其成功之处获得反馈，并会将反馈重新灌注到设计进程中。反馈的目的在于保持或促进设计的实行，或更好地控制设计的进程。

集群与表决，决定发展哪个想法

这个方法用于鉴别在问题区域或在一系列想法的样本，以帮助设计团队选择适当的解决方案。这个系统采用了一套商定的评估标准，这套评估标准考虑了多方利益相关者的关注点。这些标准是由大家一同通过头脑风暴，改进、同意和构架而成的，从而鼓励参与者能够从其他利益相关者的角度考虑问题。

计分法

为了避免偏好某个人的选择标准，人们采用计分法来评价所有的设计想法，然后将分数总计，得到每个想法的最终分值。

客户：伦敦时装学院 (London College of Fashion)

设计：移动品牌工作室 (Moving Brands)

设计思想：互动展示允许观者留下他们的反馈意见。

伦敦时装学院

伦敦时装学院的毕业展《窥镜》（The Looking Glass），向正在寻找未来行业明星的行业观众展示了六百名学生的作品。展览将每个学生的照片通过一张明信片大小的标签展示出来，当观众将学生的照片置于定制的桌上的时候，就会将该学生的作品激活投影到一个桌面上。桌子的界面的设计使观众可以通过这些标签来控制，哪个学生的电子作品集可以得以显示。例如，通过选择标签，观众向设计师提供了他们想看什么的明确反馈。黑暗的单色调色板和镜像效果强调了窥镜的主题，旨在给人一种透明和私密的感觉。

唐纳·克里斯滕森：自由的思考者和问题的解决者

后几页图片是唐纳·克里斯滕森为创业维他命（Startup Vitamins）创作的鼓舞人心的海报。

问：你的作品中经常使用文字，你能对此详细说明一下吗？你对文字和语言有怎样特殊的兴趣？

答：文字是一种独特的东西，它们完全是由形状、线条和这两者之间的空间组合而成的。但是，语言不仅需要被人们理解，还要向人们传达它的视觉美感。文字可以表达许多东西，从故事和感受，到完全身临其境的图片和无形的想法。在我的设计作品中，使用文字最吸引人的部分是：它们通常能使我非常有效、快速地表达我的想法，然而，我觉得草图或绘画可能会有其他不同的诠释，让观众有节外生枝的理解，或者对我来说，我需要在创作方面花费更多的努力或时间。这不是说，文字比其他交流形式或设计形式更加有力量，只是说，我们使用文字也可以有效地表达我们的意思。我觉得人们也可以与文字很好地达成共鸣，这与看一张图片的效果一样，你需要做的就是巧妙地利用文字，与你自己的精神世界吻合。

问：你能否谈一谈这个海报项目的整个进程？

答：偶尔在做项目的时候，我会在经过沉思之后，突然顿悟出一个简短的俏皮话形式的文字。尽管我可以很容易地将我的顿悟写下来，或用数字化的格式记录下来，但是我发现，在视框的对比下，或在一张照片的反衬下展示文字，才会使文字更有吸引力。例如，在设计这张海报的时候，有一天，我突然领悟到，除非我们对想法采取行动，并以某些我们心智模式之外的方式来探索它们，否则许多想法都是

唐纳·克里斯滕森是一位创意型的问题解决者、设计师、开发商、作家以及市场策略师，他在创意方面撰写了大量的文章，其中包括他于2011年自出版的一本名为《自由地思考》的书。
www.tannerchristensen.com

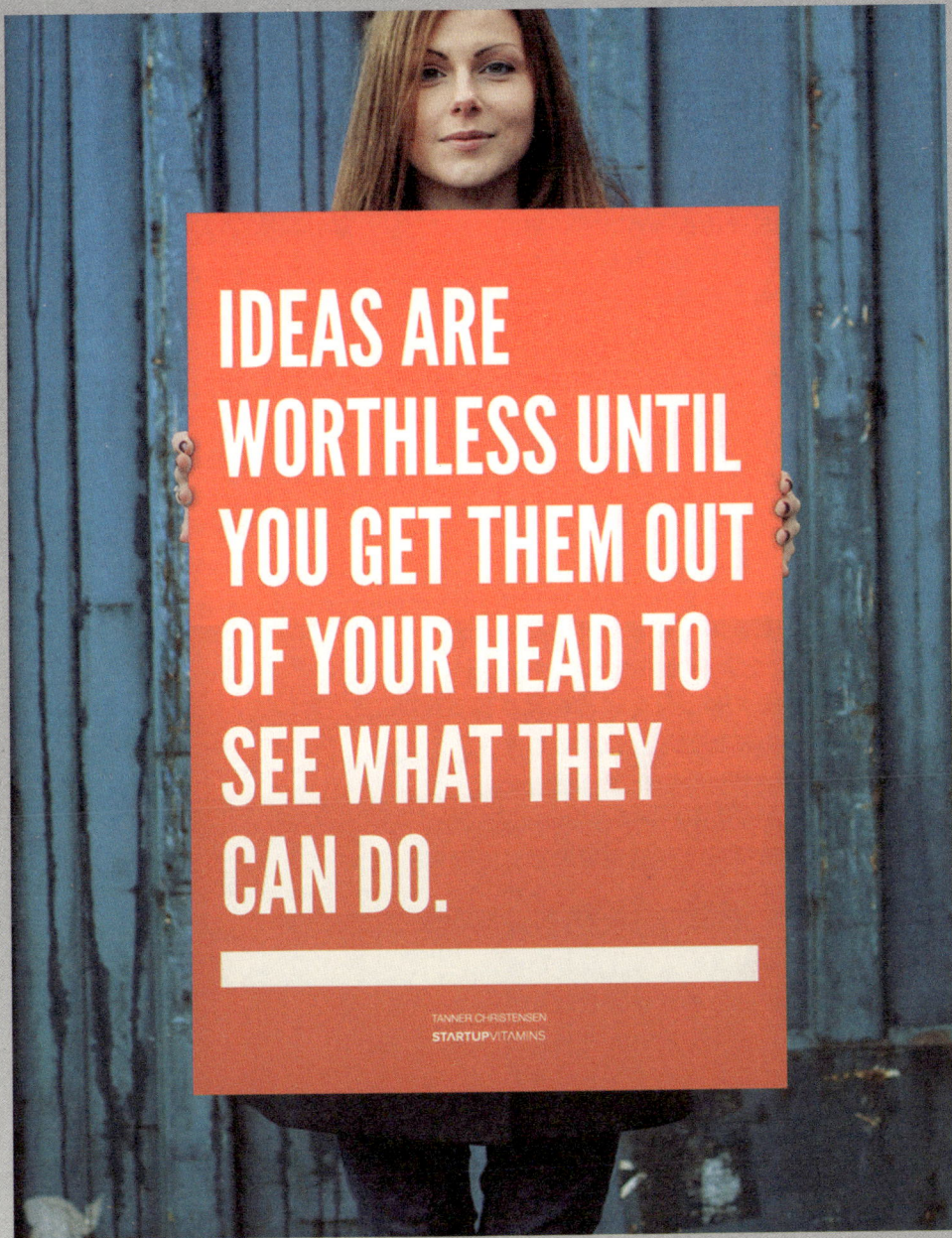

图为2013年的一张海报，它旨在通过明确的标语，鼓励和动员人们进行创意型的创业活动。

相当没用的东西，所以我将那条信息扔进了一个引人注目的红色背景之中，并将其发布到了我的网页上。人们对这条海报的回应是惊人的，有一部分原因是因为信息具有极强的执行感，另一部分原因是因为图片比其他任何格式都容易在线分享。"创业维他命"公司看了作品之后联系了我，问我是否愿意将设计变成印刷品，对我们来说这正中下怀。

问：你为了提升创意，在工作室中注入了怎样的进程？

答：不论我做什么类型的工作，写作对我来说都是一项必要的活动。它让我毫不费力地探索我的想法，将我脑海中冒出来的那些不太重要的想法过滤掉。如果我在项目的工作过程中卡住了，或是在每天开始工作之前，我都会出去走走，找个不错的地方，将我的想法写一写，有时候我会将想法写在笔记本上，有时候我会写在一个名为Prompts的智能手机应用程序上。这真的没有什么特别的，我就只是坐下来，不管想到什么都写出来，或是利用早先写好的提示产生想法。有时候，这种做法是徒劳无功的，但是最终我写的东西都会有一些灵感的迸发，或者为后来的灵感迸发提供了基础，这种灵感的迸发有时候是当天晚些时候，有时候是一周之后，有时候甚至是更久更久以后。

问：关于更有创意的思考的建议中，你觉得最好的建议是哪一个？

答：我收到的关于创意思考的最好的建议来自一个写博客的人，他是杰森·科特基，他写道："垃圾只会浪费时间，而有创意的人可以制造时间。"我认为这句话充满了智慧，因为所有的创意和设计的确都需要人们（在某种程度上）花时间并努力工作。制造时间和做出努力可以使事情发生改变。不论你想做的是什么，如果你找到了可以为之思考和工作的时间，你将在某种程度上接近了你想做的事情的本质，或是已经实现了你想做的事情，这取决于你在进程中的什么位置。如果你想有创意地思考，那就制造时间吧。

随着第一张海报的成功（前页），克里斯滕森又做了一些额外的设计，例如上图所示的这张海报。

客户: 设计博物馆 (Design Museum)

设计: 达尔斯科夫工作室 (Studio Myerscough)

设计思想: 主题型的工作方法为展览设计建立了紧凑感,为人们营造了一种身临其境的体验。

第三章

产生创意

　　设计任务书一旦被确定,并付诸研究,我们就认为,想法的产生和构思阶段所产生的概念可以解决设计问题。这是设计过程的一部分,在这部分中,人们将尽情发挥他们的创意才能。构思旨在生成可以在随后的过程阶段中起到激发作用和决定性作用的概念,因此,这里关注的更多的是设计想法,而不是设计的词汇表。

　　创意传达的是一种纯粹的创新感,它是对边界的突破,平面设计则需要为特定的结果提供应用型的创意。这是由设计任务书以及在研究阶段产生的定量和定性信息的要求来形成和控制的。

　　尽管我们用这种方式引导创造力,但创造性和新颖性的范围并未减小。设计想法可以通过采用各种各样的方法和参考点产生,这使创意能够作为经济活动的一部分蓬勃发展,并以一种持续的方式产生结果。本章将向读者介绍设计师产生设计想法所采用的一些方法和技术。

设计博物馆(对页)

这些房间是由达尔斯科夫工作室为英国设计师阿兰·奥尔德里奇在伦敦设计博物馆展出的一个展览而创作的。该设计专注于奥尔德里奇作品幻想的方面,通过一种强度使观众在展览中身临其境,以调动全部的细胞来感受,同时它还传达了一种剧场的感觉。

基本设计方向

从一个既定点出发（通常是现有设计或有竞争关系的产品、品牌或组织），设计师可以用特殊的"方向"思考，目的在于从现有的设计中产生新的想法。

背离

背离是指从中心点或主题向外扩展或延伸。我们可以在各种各样的领域中看到背离现象，比如市场分割和排版领域。背离可以既是煽动者，同时又是整个社会的分歧的一种反馈，正如，人口统计数据和他们的客户不断增长使市场细分、变得多样，设计师正在改变这一现状。

聚合

更广义地说，聚合是指向中心收缩。在设计中，即使最主要的趋势是背离，我们依然能够在各个领域中发现聚合的存在，例如，通用品牌。如今，品牌经常将产品带回到更加基本的状态或有品牌之前的时代——例如，一听番茄罐头就只是一听番茄罐头。

转变

转变涉及可观的质变，例如一个视觉商标的重新设计，或为了促进一种新的分配方式而做的重新包装。

背离
从一个点向不同的方向移开，也被称为离开。

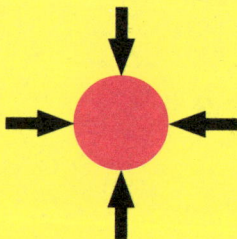

聚合
两个或多个点向一个中心点或共同点汇集。

转变
外表或特征的质变。

客户：伊恩·麦克劳德酒 (Ian Macleod Distillers)

设计：海军蓝 (Navyblue)

设计思想：从典型的基于传统与遗产的工作方法中抽离出来，创作一个令人兴奋的且独特的替代包装。

产生创意

伊恩·麦克劳德酒

在伊恩·麦克劳德酒Smokehead苏格兰威士忌包装的重新设计中，海军蓝采用了背离的工作方法。海军蓝将苏格兰威士忌传统的品牌设计工作方法作为一个起点，将其范围扩大，创作了一个不寻常的、独特的设计。因此，它没有采用传统方法的品牌包装，而是制作了一个年轻的、充满活力的图像，旨在专注于发掘品牌本身的内在品质和味道。

提问与回答

提问是人们获得关于一个主题的信息或更多细节的一种机制。这反映了人们对于事物如何运作的天生的好奇心。

设计师经常被问及到给任务书定调，这要求设计师对任务书的各个部分的问答周期做到完全了解。设计师需要搞清楚，他们对任务书的理解和写任务书的人的理解是一致的。

提问有助于识别出人们的真正动机、需求、缺乏和局限。设计师可以通过提问与回答的过程识别那些满足任务书的真正的需要，这些需要使任务书被改进或重新调整。例如，当客户发现更有针对性的广告可能是促进销售的一个更合适的方案的时候，客户可能会给设计师一个重新设计或重新定义产品品牌的任务书。

好奇心

好奇心是人的一种愿望，它让人们了解事物如何运作和如何相互关联，以及了解世界为何是这样。从寻找新视角和新大陆的探索者，到探索帮助人们理解世界如何运转的科学家，好奇心一直是发展的主要驱动力。好奇心可以分成两种：对多样化的好奇心和对认知性的好奇心。

多样化好奇心

它本质上是应急型的好奇心，人们在其中寻找即刻的刺激，或为某一刻想到的问题寻找快速的回答。在线媒体、博客、社交网络等展示了好奇心的形式。在设计中，这种类型的好奇心很可能作为简单的视觉反馈、情绪版的创作或是图表或印刷风格的表达而表现出来。

认知性好奇心

这是一种对于答案而言需要更长时间、更深入的探寻，它常常会导致其他问题的形成。它通常是为了寻求特定问题的答案的一部分，这个问题要求人更多地参与，更多地沉浸到主题中。平面设计师采用的许多数学原则都是用这种方式，通过认真的观察而得以发展的。例如，黄金分割或不同网格系统的发展。

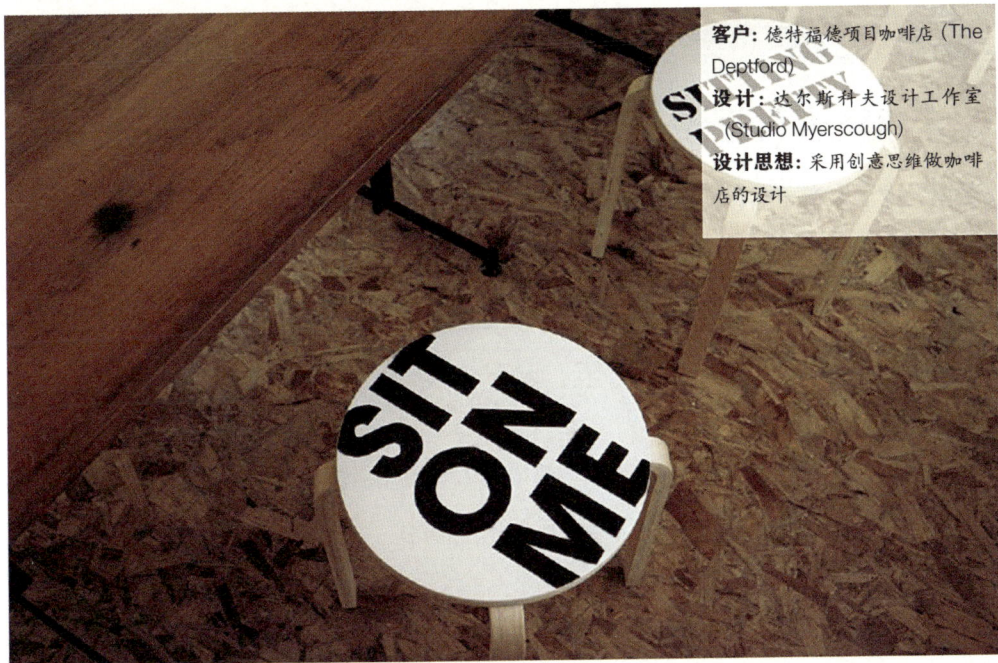

客户：德特福德项目咖啡店 (The Deptford)

设计：达尔斯科夫设计工作室 (Studio Myerscough)

设计思想：采用创意思维做咖啡店的设计

产生创意

德特福德项目咖啡店

德特福德项目咖啡店是一个小咖啡店，它是一个坐落在英国德特福德的周末创意产业市场，它是由达尔斯科夫工作室设计的。德特福德高街的小咖啡店坐落在一个三十五吨重的20世纪60年代的火车车厢，它以手绘的室外空间和定制家具为特色。这一设计是概念产生创意思维的例子，这种思维可能就是在头脑风暴的会议中产生出来的。设计师只有通过例如头脑风暴这类非评判的工作进程而进行创新思维的刺激，才能设想出设计的解决方案。

思考主题

设计师通常需要面对这样的一种挑战，那就是将大量的信息放到有限的空间中。人们可以利用许多宗旨影响设计过程，以战胜这一挑战。

KISS

KISS是保持简短、简单或保持简单笨拙（Keep It Short and Simple or Keep It Simple Stupid）的一个现代首字母缩略词，它和使用并已经存在了几百年的"奥卡姆剃刀"原则有相同的宗旨。这个想法是将设计削减至只剩下它的基本要素；它要求人们对需要交流的信息和被引导的观众有清晰的理解。

专注

只选择关注设计的关键信息元素。公司可能有许多产品或项目，但是设计应该专注于最重要的那些。设计师可以通过其他通讯形式提供关于公司其他方面的信息，例如印刷材料、文本或网页。

自上而下与自下而上

从信息技术发展中提取出来的分析方法，从系统角度看待设计问题，然后深入的添加特定领域的细节（自上而下），或首先专注于基本元素，然后向上发展，进而与系统的其他部分连接起来（自下而上）。

"奥卡姆剃刀"

"奥卡姆剃刀"是一种原则，它起因于14世纪英国逻辑学家和方济各会修士奥卡姆的威廉姆，它形成了还原方法的基础。该原则声明人们应该学减掉不真正需要的元素，以制造出更简单的事物，并通过这种做法，减少引入不一致、模糊和冗余的内容的风险。"奥卡姆剃刀"也指简约原则或经济规律。

客户：Home MCR
设计：马克工作室 (Mark Studio)
设计思想：*少就是多——最低限度地使用图片和文字以传达最简单的信息*

Home MCR

这个文本是马克工作室为Home MCR在斯托克顿路31～33号开发的建筑项目创作的，其特色是极简主义或KISS，以解决设计问题。设计师保持了设计简洁，并专注于让建筑有家的感觉的那些小细节。例如，一个三页（两折）的封面是户门号，人们可以在家门上找到同样的数字图像。这一特征形成了文本的主要视觉图像，它也使人们意识到，他们是住在空间中，而不只是住在一个单纯的建筑或一个新建住宅区中。

蟒蛇哲学

提姆·彼得在《蟒蛇的禅宗》一书中展示的想法中获得的宗旨包括：美丽比丑陋好；简单比复杂好；稀疏比密集好；可读性的考虑；实用性打败纯粹性；拒绝猜测的诱惑。

留白

一些人相信留白使关键的设计元素有了喘息的空间，因而可能更容易被观众看到。它还有助于观众将注意力集中在这些关键的设计元素之上，给它们更大的影响。

文本最小化

这一宗旨建议设计师，应该通过将句子削减成具有意味深长的有影响而简短犀利的短语，而保持文本的最小化。

图形冲击

根据许多设计师的经验，平面图形应该创作出抓住人们注意力、增强文字交流的视觉影响。然而，走极端，尺度太大、太复杂或数量太多的平面图形会分散人们的注意力。

尺度

设计师需要考虑尺度的问题，当他们在屏幕上做设计的时候，他们很容易忘记这个问题。设计校样需要包括为小尺寸或大尺寸的物品进行实际尺寸的校样，例如邮票或海报，以确保文字和图形都在令人满意的尺寸上，以便于人们舒适阅读。

以用户为中心的设计（User-centered design，简称UCD）

以用户为中心的设计将用户的需要、愿望和局限放在设计过程每一个阶段的中心，要求设计师预见用户将如何使用最终的产品。

人体工程学

人体工程学是根据人体的物理需求而做的设计的实践，以优化性能，减少不适。人体工程学专注于安全、高效、生产率和健康的工作环境，以确保产品、服务和环境都与人的形式兼容。

最后……TIMTOWTDI（发音为提姆·托蒂（Tim Toady））

简单地说，这意味着"做任何一件事的方式都不是唯一的"，它遵从一个原则，即问题可能有许多不同的，但是却有同样效果的解决方案。

客户: 跨入山水之外的世界——
露西·琼斯
设计: Webb & Webb工作室
设计思想: 简单采用细节放大的
方式强调质量

跨入山水之外的世界——露西·琼斯

本书用一比一的比例重新制作了露西·琼斯作品中的细节。采用放大的尺度使读者能够看到
笔刷的细节和绘制的肌理,看到那些通常在绘画作品的印刷重制作过程中丢失的东西。当绘
画用小尺寸重新制作出来,它们总是丢掉细节,看起来非常的人工化。这个展示使得作品的
质量既被保留下来,又得以表达。

产生创意

灵感与参考

灵感在任何创作活动中都是必要的，设计也不例外。灵感是产生令人兴奋的设计想法的关键，设计师可以从无数的资源中提取灵感。

有创意的人可以从明显的和意想不到的资源中提取灵感，灵感通常来自大量围绕着我们的文化信息中。大街上，电影中，电视里，杂志上和商店中的最新的趋势和风格是非常值得注意的。

设计师还会从其他的创新领域寻找灵感，例如绘画、雕塑、音乐、建筑、摄影和电影。设计师们浏览艺术画廊、博物馆、图书馆、书店和旧货店，浏览布满涂鸦的街道和超市，寻找他们的设计灵感。视觉艺术提供了历史风格和当代风格中普通、多样的主要色彩，它们影响了我们这个世界不断变化的风景。此外，该领域的过去的和当代的其他人的作品，都可提供对创新的启发，这就是为什么这本书包含了许多当代设计师的作品作为范例的原因。设计师可以交叉引用当代和过往生活的元素，并回到视觉刺激的艺术与设计史丰富的传统中。在设计中，对于新奇事物的追求意味着，随着思想的重复、改变、建成、拒绝、贬低、革新和调整，总是会在从当代风格中偏离和向过去的概念汇聚之间摇摆。

许多设计师和设计工作室通过使用记录想法的本子，在一定程度上，将灵感过程正规化。记录想法的本子是一个集合，它将剪切、照片、草图、色板、排版例子、潦草的想法、文字以及找到能够激发灵感的物体集合在一起。想法本子可能是一个总体的集合，人们持续不断地往里添加内容，也或者可能是为某个具体项目作准备时的一部分。设计师通常会为一个设计创作典型的目标受众代表性的人物角色，以体现他们的特色、生活方式、愿望和消费习惯。

客户：马里波恩小酒馆 (Galvin
Bistrot de Luxe)

设计师：品牌之后工作室 (Ever
After Brand)

设计思想：新艺术运动风格的品
牌标识

马里波恩小酒馆

这些作品是由品牌之后工作室为伦敦的一家名为马里波恩的小酒馆创作的。他们希望补充他
们的室内设计和菜单。作品参考20世纪之交的新艺术运动风格，将晚餐转换成服务与奢华的
旧时代。设计师为作品制作了原型，使得客户可以充分理解作品在实际规模和现场是怎样呈
现的。

产生创意

头脑风暴

头脑风暴是创意团队的一种工作方法，用以发展想法，在构思阶段发起设计解决方案。

头脑风暴追求的是让设计师产生许多不同的想法，这些想法随后会被削减，只留下一些有发展潜质的可能性。头脑风暴的工作过程从有待解决的问题的定义开始，选择解决问题的团队参与者，并形成激发创造性的问题。

在头脑风暴的会议期间，参与者在非关键环境中可以自由发挥、提建议。会议鼓励了不寻常的和有潜力的、有用的想法，使其能够得以展示。人们可以利用挂图或白板这类资源，促进进程的发展，记录产生的想法。随着会议的进行，想法会按照类型分组，根据它们的适用性评估，将最好的想法汇聚成一个名单。

头脑风暴规则

不要吹毛求疵：这是最重要的一条规则。批评会阻止人们提建议和表态。在头脑风暴阶段，任何想法都是正当的。

保持过程不受管理的约束：直线管理者的存在会抑制思想的交流。

避免做决定：在会议过程中，不要为了一个看上去有可能领先的想法而深入工作，或者想要解决这个想法。而是要在规定的时间内继续产生想法。想法可以通过之后的评估阶段来表决。

向着一个目标工作：当参与者脱离主题的标准化，数值目标有助于想法的产生，从而达到目标。因此，这里专注于数量而非质量。

定时：为会议何时结束设定时间。这将有助于保持热情，迫使大家产生出更多的想法。

顺其自然：参与者必须不畏惧提供稀奇古怪或狂野的想法，当然，这不是说参与者不用严肃对待会议。

包罗万象：会议主席应该避免任何团队成员主导会议，应该鼓励所有的成员都能积极为会议作出贡献。

客户：诺基亚

设计：输出工作室 (Studio Output)

设计思想：像这样的季节性邮件封套设计要求包含创意思维,一个非常重要的事情是,头脑风暴阶段,不要将想法打断。

诺基亚

这个邮件封套是为移动电话制造商诺基亚宣传他的圣诞手机产品而创作的。其任务书是制作一个邮件封套，以促销多款不同的手机，抢新闻的头条，从其他的邮件封套中脱颖而出。人们几乎可以想象，正是迭代的头脑风暴的进程塑造了设计。设计围绕着圣诞节颂歌《圣诞节的十二天》而展开，它通过每个手机与颂歌中相关的那一天配对，创作了一组连续的图片，用图像的方式对颂歌加以说明。

额外的头脑风暴的方法

头脑风暴可以使想法不受约束的产生，但是设计师需要在一个有组织的方式下，使用头脑风暴的工作方法，其目的在于使它的价值获得最大化，并确保在这个过程中可以产生有用的想法。以下的步骤使设计师从头脑风暴阶段进入到想法的产生阶段，而这些想法是可以进一步发展的。

可视化

设计师可以制作快速的可视化助手，以协助头脑风暴和集中注意力，虽然这样做不应该是减缓的进度，也不应该相当于某种结果。可视化的目的是提供一种反馈，以建议的想法和主题为基础，刺激进一步的创新。

团队和投票

头脑风暴的参与者可以被分成更小的组，每个组给定一个任务，发现某个特定的关注和挑战的解决方法。例如，一个组可能涉及美学，而另一个组着眼于降低成本。每个组都可以为其他组产生的想法进行投票。

乱写，说话，拍击

参与者可以用即时贴快速写下他们的想法，大声说出来，并将他们的想法贴在墙上，而不是像在标准的头脑风暴会议中，等待轮到他们发言的时候才能说话。这种方法也帮助人们放松下来，为整个团队破冰，鼓励更胆怯的团队成员表达他们的想法。

评估标准

最后，评估所产生的想法，需要一套能够对它们进行评估的标准。标准可以包括成本、所需资源、可提供的必要资源、时间因素和适用性。评分系统可以用于每个标准，例如，规模评级（例如，1~5）或一个简单的"是/否"的回答。这一评定为跟进和潜在的解决方案的想法进行了排序和优先级考虑。

乱写
会议参与者将他们的想法
写在即时贴上

说话
然后大声说出自己的想法

拍出来
最后，将他们写在即时贴
上的内容贴在板子上

客户: Zumex

设计: 拉维涅和西恩富戈斯工作室
(Lavernia & Cienfuegos)

设计思想: 为零售业的实践和吸
引力寻找解决方案

产生创意

Zumex

这个包装是拉维涅和西恩富戈斯工作室为专业柑橘果汁榨汁机制造商Zumex创作的，其特点在于将多项设计解决方案进行了一体化的整合。拉维涅和西恩富戈斯工作室为超市和其他卖点设计了一系列的瓶子，消费者可以自己压榨水果，将新鲜的果汁装入各种不同尺寸的瓶子。瓶子是半透明的高密度聚乙烯塑料材料制成的，采用了人体工程学的设计，使其容易装灌，它的设计成本非常低，而且物流很方便。除了满足所有这些需求之外，瓶子还有非常吸引人的视觉效果，这一视觉效果将个性和统一完美结合在一起。

价值

价值是设计中常用的一个术语。例如，设计师通过视觉标识的创作为一个品牌"增加价值"，但是，在设计思考的背景下，确切地说价值意味着什么呢？

人们可以以众多不同的方式理解价值的含义。例如，对于一个设计工作室的所有者来说，价值与生产率有关：在既定时间内完成工作。然而，在设计思考的背景下，我们关心的是通过设计为客户创造价值。这更难衡量和判断。无论是视觉标识、广告、包装或其他工作，设计如果能够与目标客户产生共鸣，便可以为客户作出非常有价值的贡献。设计思考必须专注于一个设计方案的产出，它可以积极地与目标客户进行交流，而不仅在审美上看上去不同而已。

设计可以通过直接的提升销售，或者间接地增加品牌或组织的声望来增加价值。然而，在许多其他变量参与其中的情况下，了解成功的真正原因是非常困难的。例如，是新杂志广告增加了产品的销售量，还是广告在杂志中放置的位置、重复的频率，或结合广告活动运行的其他促销增加了产品的销售量呢？

测试关注群体，可以了解目标群体如何积极地对设计和它的感知价值作出反馈。一旦一个新设计被推出，调查也可以提供反馈，反馈提供了一个学习的机会，使设计师了解设计所增加的价值。

安妮女王出版社（对页与后几页）

图中是Webb&Webb工作室为安妮女王出版社出版的作家伊恩·弗莱明系列作品特别版创作的封套。这个封套是皮制品，其特点是采用了手切插画图。该系列作品是一个收藏家的项目，其价值超过了1.4万英镑（约2.3万美元，12.2万人民币）。封套的质量和它们包含的设计细节，为整套书增加了价值和收藏性。

客户：安妮女王出版社（Queen Anne Press）

设计：Webb & Webb工作室

设计思想：带有手切插画的皮革封套，增加了该丛书的收藏性和价值。

产生创意

产生创意

包容

在整个设计过程中，设计师必须记住谁是目标观众，考虑设计想法如何与这些观众产生共鸣是非常重要的。设计必须关注它正在交流的对象，而不仅是创作者自己的品位。

为了评价目标观众将如何回应设计，不论在哪里，征求那个群体成员的意见，将他们包括在构思过程中，都是非常值得的。

设计师想要创作出有灵感的和有参与感的作品，但是，最终它需要给观众一种包容的感觉；设计是关于建立情感链接，而不是类型和图像的定位。

包容意味着征求目标群体的想法、建议和见解。包括设计过程中目标群体的人们，他们可能被当作焦点群体，设计师应该让他们成为过程的一部分，给他们一个元素，让他们对于想法的产生有一种所有感。这一贡献有助于确保想法与群体产生共鸣，接受目标群体的援助，减少设计团队中那些认为他们最了解目标群体的人，由于傲慢引起的错误的可能性。

包容性设计旨在提高社会公平，确保所有人都能够接触到产品、服务和环境。一些研究表明，到2020年为止，英国一半的成年人口年龄将超过50岁，而20%美国人和25%的日本人的年龄将超过65岁，吸引有更多生活体验的人们正成为设计考虑的一个日益重要的因素，例如，使用产品的人体工程学和信息与包装一样，都是产品的卖点。

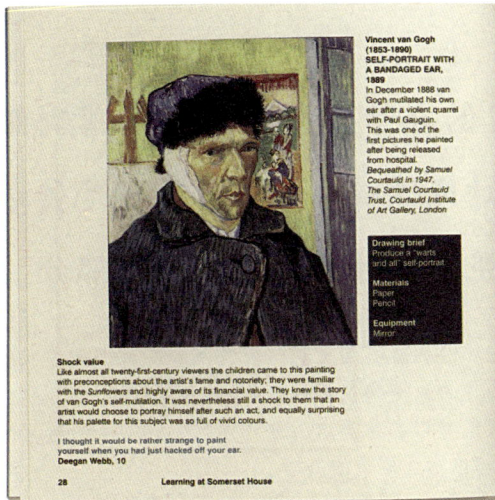

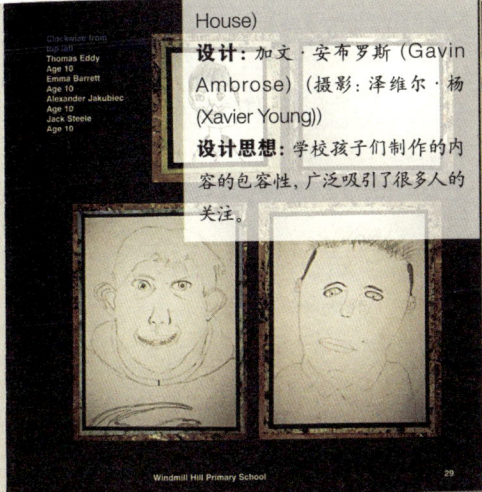

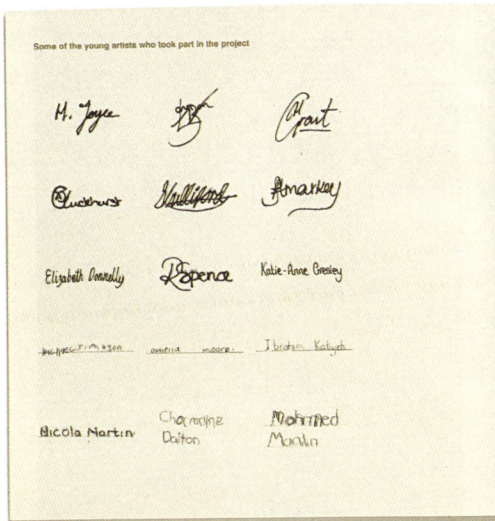

萨默赛特宫（Somerset House）

图中是根据伦敦萨默赛特宫学习中心的一个工作坊制作的一系列图书中的内容，它是由泽维尔·杨摄影的。参加工作坊活动的孩子们被要求对画廊中展示的图片进行反馈：例如，一些孩子被要求以梵高的风格画一张自画像。书中包括了孩子们的绘画作品，并将他们的作品与艺术作品并置在一起。

产生创意

绘制草图

大多数设计师绘制草图的目的在于，将想法快速落到纸上。因为绘制草图可以为设计或设计元素非常快速地传达视觉想法，它可以用于贯穿整个设计过程中的很多部分。

绘制草图可以用于定义阶段，形成其中的部分内容，因为客户就是用绘制草图的方式给设计师提供任务书。它也可以用于研究阶段，作为创建特征资料过程的一部分。例如，设计师也许可以绘制出关于目标观众是谁的画。人们可以在速写本上通过详述目标观众的生活的各个方面而将这幅画进行扩展补充。细节草图可以形成原型的基础。

通常，绘制草图可能与构思阶段联系在一起，在这个阶段，设计师会快速绘制出可能的设计方案，随着想法的产生而创作出其视觉的表达。本质上说，绘制草图就是将视觉想法的轮廓快速描绘出来，所以对设计师而言，它应该以最快、最有效的方式进行。使用绘图板意味着一些设计师更喜欢直接在他们的电脑中"绘制草图"，而不是使用传统的纸笔材料。用这种方式绘制的数字化草图，可以使想法很容易得以实现，并通过电子邮件传播出去，他们比纸质材料占据更少的空间。然而，设计师应该采用他们自己认为更快、更简单的方法。

篝火（对页）

这些由布罗迪联合公司（Brody Associates）绘制的数字化草图，形成了服装品牌篝火的视觉标识和字体设计的想法。这些草图，作为进行中的设计工作程序的一部分，描绘了如何快速地围绕着一个既定主题产生不同的想法和风格。

客户: 篝火 (Bonfire)
设计: 布罗迪联合公司 (Brody Associates)
设计思想: 数字化草图快速地展示了产生的不同想法和风格

产生创意

规划单元： 电影标题与海报

以下几页的图片为电影《室内》的海报和标题设计。

规划单元被要求为Si&AD制作的电影短片《室内》创作营销海报和标题。这个电影说的是这样一个故事，有个女孩一走出门，遇到风，就会立即睡着。在电影中，她尝试着和一个男孩子出门，而这个男孩不相信她的情况是真的，于是她立即就睡着了，并翻倒在地。对页的海报就是取材于电影的这一部分，通过海报中被大量的睡觉符号"ZZZZZZZZZZ"来填满的大部分空间，表达了电影中的叙事。

为了不破坏剧情，电影涉及一个金鱼缸的巧妙使用，我们将鱼缸当作参考，将标题"室内"放到了一个圆形的中央。然而海报，不论是从电影中截取的剧照做海报中的标题，还是它的抽象表达的标题，都采用了旧木块印刷制作，以强调电影的原始稚嫩感，因为电影的主角是孩子。

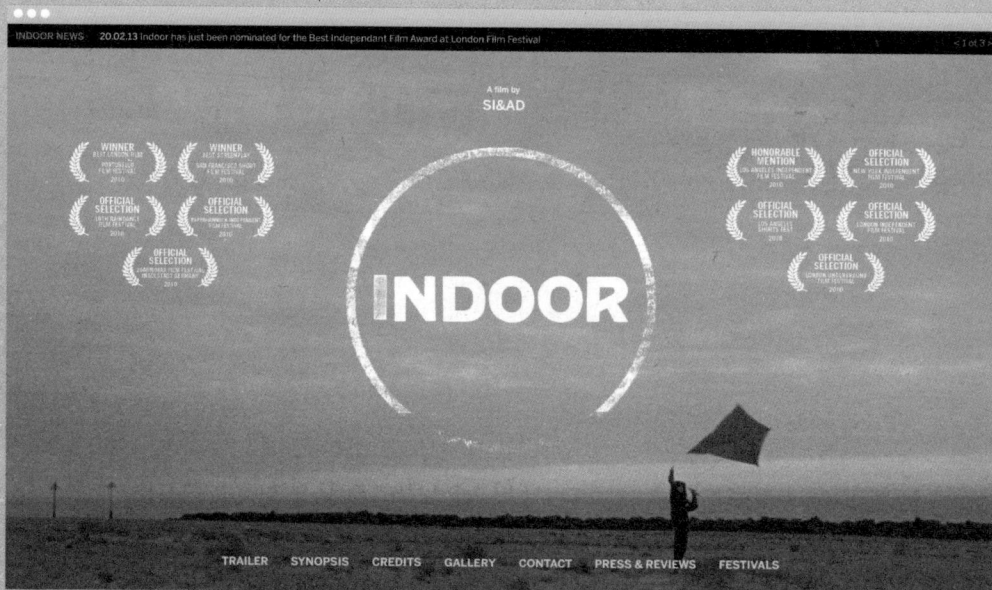

INDOOR

A film by
SI&AD

Directed by SI&AD   Boy ALFIE RIGHELATO
Girl KATIE MILLER   Girl's Mother CHARLIT PLATT
Producer LUCY GOSSAGE   Executive Producer LIZIE GOWER
Director of Photography LASSE FRANK   Production Designer BEN SMITH
Casting Director AMY HUBBARD   Editor SAM RICE-EDWARDS   Music by KID KOALA

An Academy+ Production

Ⓐ A+   technicolor   Kodak

产生创意

问：《室内》这部电影的设计方法是什么？

答：一开始，我们采用的是一刀切的做法，我们尝试不同类型的处理办法，其中之一是扫描版画，因此我们拥有了一整套的字母表。当我们像Si&AD展示这套字母表时，我们一致认为，这个字体非常适合表达败坏的心情以及电影短片的拍摄地Jaywick的痛苦气氛。

我们尝试了两个海报的设计，一个是从电影中截取的图像，另一个纯粹就是文字。纯粹文字的海报是电影故事的一个双关语，将它与图像海报并置，而该海报展示了广阔无垠的户外场景，加之电影名称"室内"在其中间位置。

头衔名片的字体是一个欢乐和受欢迎的故事，每个字母都是一张图片，当我们将它们导入到indesign软件的时候，它们全都变成了不同的尺寸，我们决定就用这样的尺寸来展示它们，本以为这样行不通，但后来发现它竟然非常有效，也非常独特。

问：为了促进创新，你在工作室注入什么样的工作进程？

答：关键之一是，不要盯着新项目和客户进入时候的状态，而是要看具有好的创意设计之后，他们会有什么样的可能性。与那些拥有伟大设计的公司长期合作是很简单的事情。但是有时候，创意挑战需要创新的设计方法，而后完全将其转化成设计。设计满意度可以有许多形式，但是寿命最长的一种就是设计已经成了一个更大的图片上很小的部分，但却是很有影响力的部分。例如，我们可以通过一个设计看到它是如何帮助一家公司成长和成功的。

保持每个项目都有创意，但实用的解决方案是工作室设计理念的基础。

规划单元（Planning Unit）是伦敦的一家创意设计工作室，它由尼克·哈迪和杰夫·诺尔斯领导，该公司具有众多的国际客户，其中包括所罗门（Salomon），小丘（Knoll），巴黎圣日耳曼FC，英国广播公司（BBC），设计博物馆和D&AD。
www.Plannningunit.co.uk

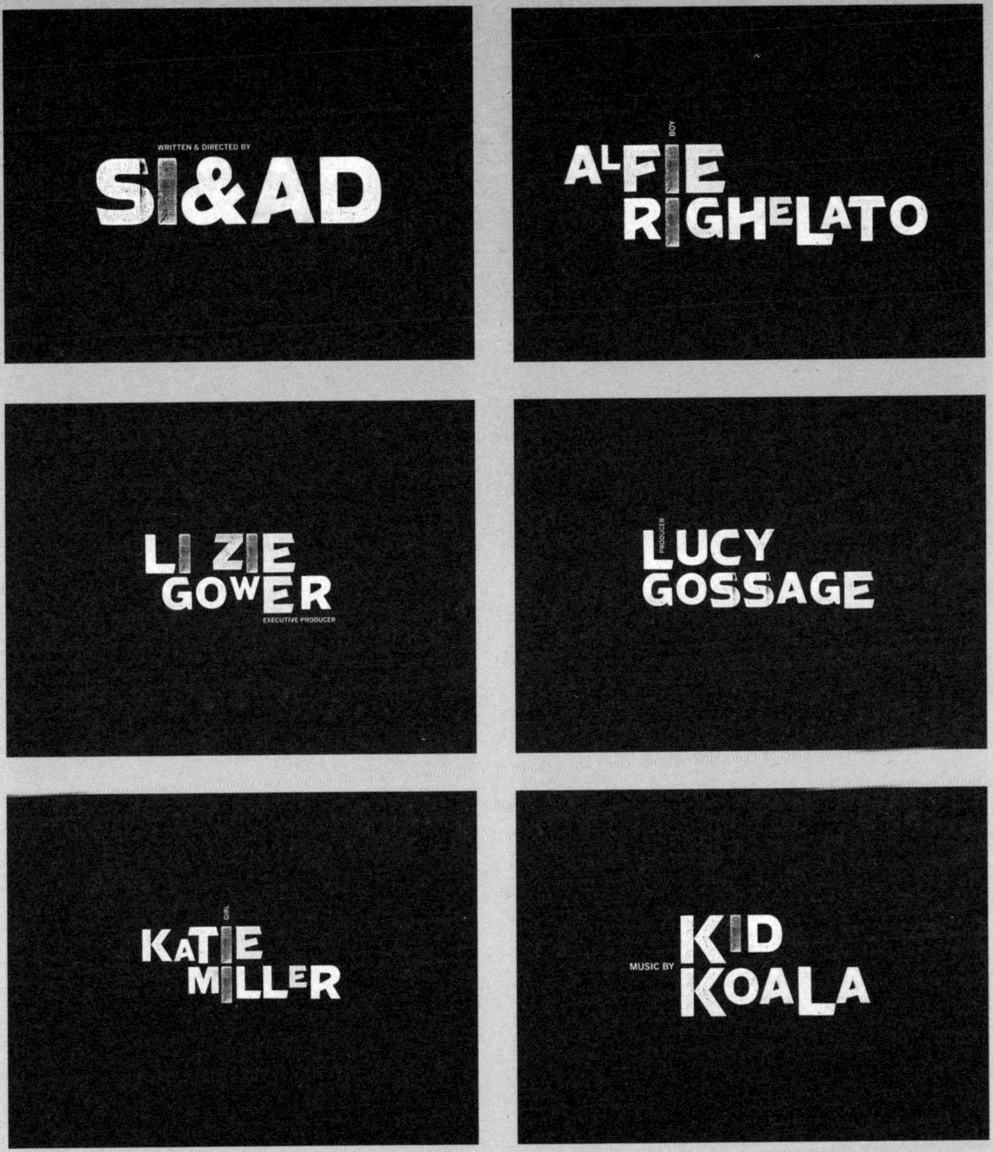

WRITTEN & DIRECTED BY
SI&AD

BOY
ALFIE RIGHELATO

LIZIE GOWER
EXECUTIVE PRODUCER

PRODUCER
LUCY GOSSAGE

GIRL
KATIE MILLER

MUSIC BY
KID KOALA

上图采用旧木块制作了电影《室内》的标题，这种做法取材于电影中表达的童年和简单的稚嫩感。

客户：英格兰艺术委员会 (Arts Council England)

设计：输出工作室 (Studio Output)

设计思想：代表了英格兰艺术委员会这个组织的动画词汇

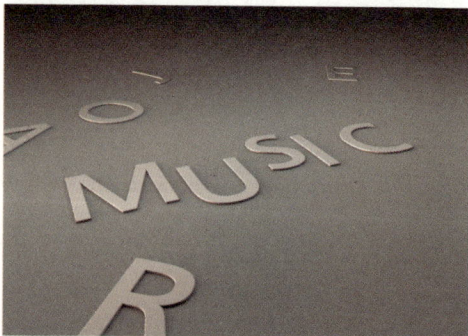

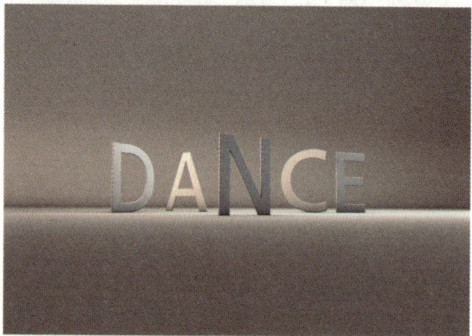

第四章

提炼

为一种设计理念而工作，涉及对艺术作品和它交流的信息的不断提炼。提炼会使设计发生小而显著的改变，其目的在于强化设计的概念，增加交流的效率。

在想法提炼的过程中，设计师可能需要尝试各种各样的排版和图片。仅仅为了让设计"恰到好处"，设计师就需要调整大小、调整颜色、调整位置，修改或是更改。提炼就是在设计具有所需的色调或偏重之前，对其进行重复的演算过程。

设计所需要提炼的内容包括许多不同的方面，将它们组合在一起，就是最终的结果。尽管这些方面在设计工作中不分先后，但本章会将它们分成不同的组成部分：图像、文字、形状、比例、数字和颜色，每一个部分将被单独讨论。当它们结合在一起的时候，它们将创作出一个最终的设计，但是可以单独思考其中的每一部分。

英格兰艺术协会（对页）
图为输出工作室为英格兰艺术协会创作的品牌标识，该作品的特点是，为文字赋予了它们自己的生活，以创造出该组织的连贯性表达。

用图像思考

图像有非常快速的传达想法或信息的能力，这就是为什么它们能够在平面设计中扮演非常杰出的角色。正如我们所知道的，一个图片画出了一千个词汇，所以认真花时间选择图片是非常值得的。

图像可以以许多不同的方式传达交流，因为它们的功能非常多，它们如何被阐释，是由其他因素在其展示的过程中决定的。图像可以有不同的文化和社会的阐释，这些都能够通过使用它们的文本来塑造。

图像专注的文化团体，由一个文化团体、用户或缺乏条件的代理商分享的特别标志和符号的一致或排斥，例如机智和幽默以及历史意义的挪用，都是有可能影响到图片的含义的因素。图像或设计的呈现方式也是影响因素之一；例如，黑白草图与光滑的印刷品传达的感觉就截然不同。

接收和诠释图像

实践证明，人们不可能只通过展示房子的图片就能对房子作出清晰地诠释。设计师必须考虑那些决定观者如何接受的方面或是诠释房子图像的其他方面。房子描绘的是一个英国人的城堡，一个家，一个建筑作品还是一种欢乐或悲伤的源泉？

客户：特拉法格酒店 (Trafalgar Hotel)

设计：品牌之后工作室

设计思想：设计师利用象征图标的插画创作的肌理，描绘了酒店服务的众多方面。

In-Room
Menu

Trafalgar Room

Rockwell
Lower

Food & Drink

Upper
Rockwell

Drinks

Upper
Rockwell

Food

特拉法格酒店

图为品牌之后工作室为伦敦特拉法格酒店的品牌重新命名创作的一系列印刷品。该设计的特色在于，通过象征性的图标组成的肌理，描绘了酒店服务的众多方面。例如，杯子的肌理用于饮品菜单，打蛋器的肌理用于食品菜单。在零售业环境的背景下，肌理的采用软化了餐饮体验，创造了有趣的卖点。

对符号的思考

符号是一种强有力的交流装置；它很容易被人识别，可以在简单的时尚中传达复杂的概念。图像可以包含不同的符号，符号通过符号学、意义和认知来传达意义。

符号学

符号学提供了关于人们如何从文字、声音和图片中抽象出其含义的解释。符号学提出了三个"类型"的存在：标识、系统和文本。标识通过它呈现内容的方式提供了它想要传达的信息（例如停止的符号），系统是包含着运行标识的计划（例如道路标识计划），文本是放置标识的计划（例如道路或高速）。许多设计都包含了提供多层信息交流的象征性的参考或符号。

意义

它指的是图像或平面的文字含义和主要含义。意义是说一件东西看起来到底是什么。

认知

基于察觉、学习或推理的理解，了解或诠释，学习。图像的认知解读依赖于它是如何被展示的。我们对于图像意义的解读随着图像展示方式的改变而改变。设计师可以通过文本、色彩、并置或其他方式获得设计的变化。

泰晤士和哈德孙（对页）

《Volume》是一本关于澳大利亚建筑设计公司约翰·沃德尔建筑公司的书。页面展示了建筑实践作品，其风格像一个草图本，它利用草图、照片、平面和注解，给人一种在工作过程中创新的感受。这种设计方法也反映了公司合作化的工作室环境。

客户： 泰晤士&哈德孙 (Thames & Hudson)

设计： 3 Deep工作室

设计思想： 用草图本风格展示素材的方式，让人感受到一种创新的工作过程。

into being complicit in the inner workings ...
And adjacent to this is his relishing of the ...
in the work of his allies in the arts and crafts ...
he admires, collects, and install.

The third image is from the writings of Re ...
as he describes how inapposite our mind-body ...
is, speculating that our entire body is a quanta ...
in that every cell within us is composed of bun ...
tubules lined with modules that may or may ...
a particle in a binary coding system, and that a ...
in 'heavy water' with molecules aligned in stria ...
every part of our body has a memory capability ...
as we once imagined was that of the brain. We ...
sider what the 'hand' knows, as much as we hav ...
what the 'mind' knows. In embracing distributed ...
we are in the presence of design thinking, a th ...
suspends linear logic in favour of holistic connecting, and an
intelligence based on the analogy of 'weak force', a force that
allows us to make connections in the pursuit of solutions
to complex, multi-layered problems—as all architectural
problems are—that our usual rationality hides from us.

Wardle describes various strategies that he holds in reserve
to shock his practice out of easy rational linearity into inclusive,
divergent thinking, the kind that chooses the solutions that
open up possibilities rather than closing them down in favour
of one true way.

It is this suspension process that allows a rich body of
architecture to emerge from relatively few strategic moves
within each project. This is not a new phenomenon. It can be
seen in the work of Sir John Soane, whose architecture—
working with a quasi-enlightenment vision of the nature of the
universe—uses the same ploys over and again. Soane's mixing
the virtual establishment of ideal rooms, wrapping of sites with
walls, and a toy-block like articulation of elements to create
a body of work has haunted generations of architects.

In his Masters study at RMIT, Wardle distinguishes
between two categories of work: over-arching processes
and themes deployed in the seeking of form, spatiality
and materiality. His processes are listed as the diagram and
the act of drawing', 'the use of analogy' and 'stretching time'.

On 'the use of analogy' Wardle cites the Balnarring Beach
House - 'a house that operates like a suitcase ...'. 'At Shibui

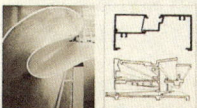

Salon, South Yarra (1995) he writes: 'used the hair follicle,
a constant extrusion, cut to length'. At RMIT ICGT
'the symbiotic relationship between the exterior surface
and the interior profiling of (an) aluminium extrusion ...
is of architectural interest.' The enriching detail in the
interlocking junctions of the concrete panels in the side walls
of the ICGT arises as an analogy with both the process
of image registration in painting, and with dovetail jointing
in cabinet making.

These analogies are not whims, he argues. They enable
a design team leader to guide the team towards design reso-
lution. They pepper the work with an almost Pop robustness.
The circulation nodes at RMIT Bioscience Building (1996-
2002) contain suspended 'petri dishes' that form conversation
pits in the air; the artist clients of the Diamond Bay House
(2001–05) are treated to the vast arch of the National Gallery
of Victoria in Melbourne, as a portal between 'production'
('the studio) and 'exhibition' in the living zone.

On 'stretching design time', Wardle describes how
he also guides design teams through a conscious process
of delayed designing, the powerful graphic gives the teams
the first clues, providing broad organisational principles
and evoking 'imaginative potential'. He avoids early clarity
and resolution, ensuring that the design journey lasts
until building completion. All architects could benefit
from reflecting on this process, because it is the key to the
exceptional breadth and depth of resolution that the practice
achieves in almost its entire output.

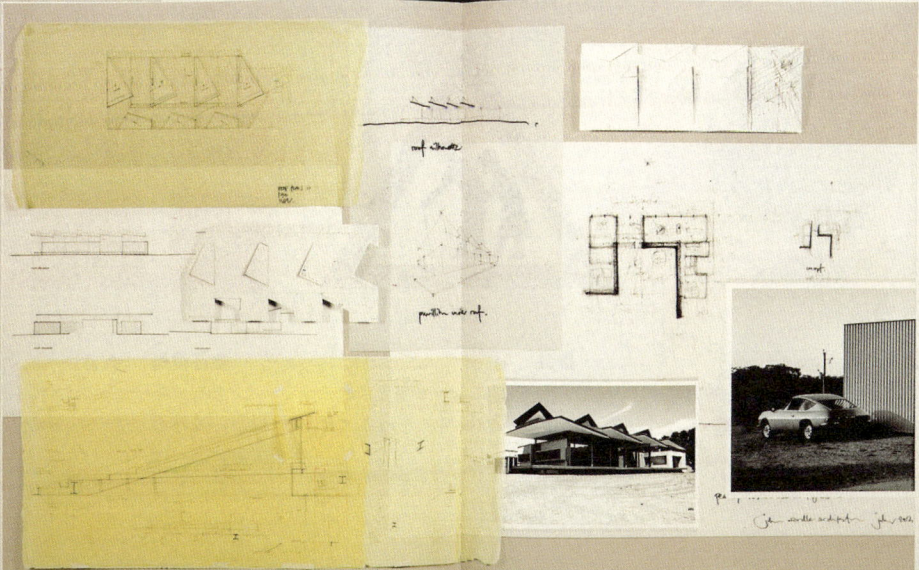

人们普遍通过简单的方式，采用符号简短的交流重要的信息。基于美国哲学家查理斯·桑德斯·皮埃斯研究的，如何让人们懂得周遭的世界的意义，他提出，符号可以被分成三种类别：图标、指数和象征。

图标

它是一个描绘物体、人或事情的平面元素。图标可以是一张相片，也可以是一个图表或插图。一个有效的图表或插图图标追求的是将题材简化，使观者可以即刻识别出其特征，为此设计师可能会使用"奥卡姆剃刀"的原则，使其删除不必要的细节。

指数

指数符号是指，将符号与目标事物直接连接起来。例如，大多数交通符号是指数符号，它们表达了涉及特定道路状况的信息。

象征符号

它是一种图像元素，用于交流概念、想法或目标，但是在这两者之间不存在逻辑含义。字母就是象征符号，它表达了我们用于形成词汇的声音。还例如，旗帜也是象征符号，它们表达了不同的国家、地理位置或组织。

图标
它是一种简化成最简单的特征的平面元素，例如这个地球仪

指数
它是一种与目标事物有直接联系的平面元素，例如路标中的年老体弱者的存在

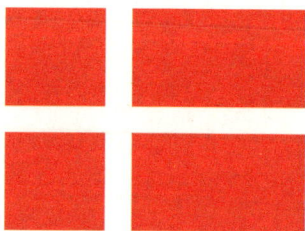

象征符号
它是一种交流概念的平面元素，例如一面旗帜代表了一个州或一个国家。

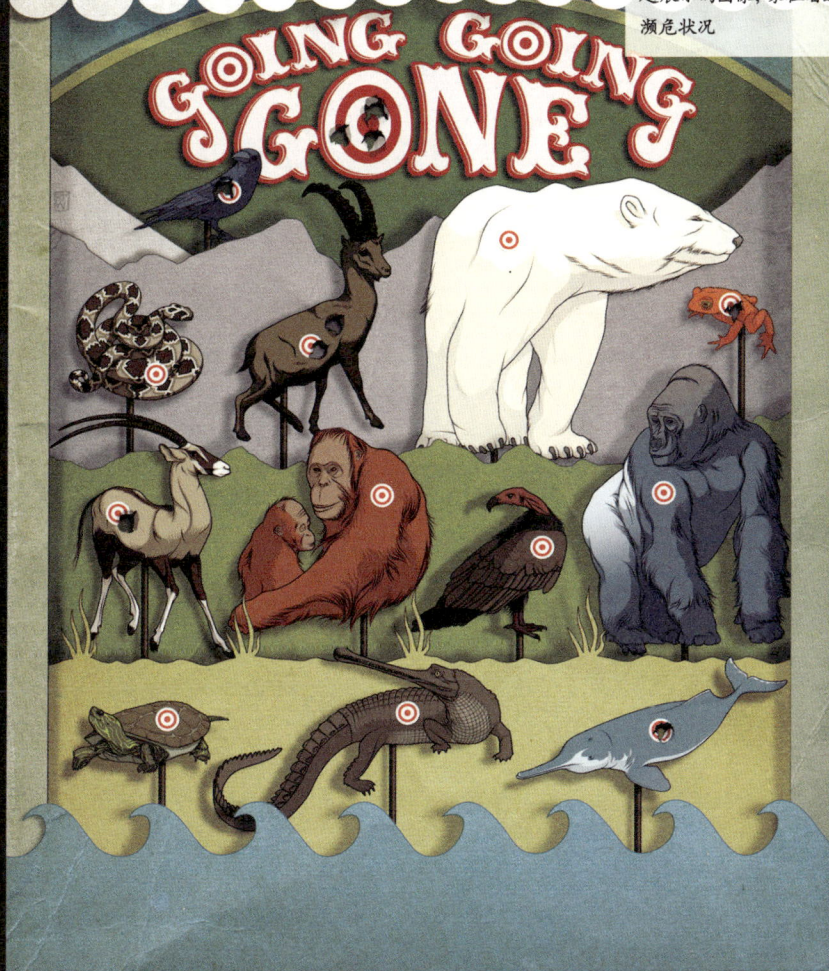

客户:《电报》杂志 (Telegraph)

设计: 理查德·威尔金森 (Richard Wilkinson)

设计思想: 用嘉年华中射击场的主题展示的图像,象征着这些物种的濒危状况

电报杂志

图为理查德·威尔金森为《电报》杂志创作的封面,其风格像是一个嘉年华射击场,图中的这些濒危动物作为一个物种,身上都有一个靶心的符号,强调了人类活动可能导致它们的消失。

使用象征符号

在设计中，象征符号或标志的使用要求设计师具有缜密的思考能力。象征符号可以达到有效的交流，因为它们利用共享文化标准，这种符号可能不适合被用于公司或产品的标识、商标或品牌。某些特定的象征符号是通用的，因此，如果将其作为一个特定的实体或品牌而创作的视觉标识，它的交流效率可能非常低；挪用，可能会成为象征符号更普遍持有的解释的最主要的牺牲品。

随着大量快速可识别的全球性标识的验证，人们发现象征符号可以非常有效地交流信息。在这种情况下，基于对公司或产品以及它们的历史、组成和价值的融会贯通的理解，设计师可以创作出一些非常独特的东西。我们一般可以在以下情况下找到标识：

商标：商标是一种平面象征符号，用于表达公司、产品、服务或其他实体的特征，例如大熊猫的商标代表世界野生动物基金会。

商标字体：商标字体是通过文字性的东西定义一个组织，将它的优势或文化变成一种标志，使其成为特色风格。

品牌：品牌是识别和区别一个产品、服务或组织的竞争者采用的象征符号、标志、文字或词组。品牌的创建是为了帮助我们通过质量和价值区别相似的产品供应。而后，品牌成了一个特定质量水平的可识别的象征，它辅助我们在购买时作出决定。品牌通常会对 "个性化"进行精心制作，这里的"个性化"阐释了一系列可以吸引他们的目标客户的价值，例如，食品阐释的价值是比其竞争者"更加健康"，化妆品阐释的价值是比其竞争者"更加清洁"，番茄酱阐释的价值是比其竞争者具有"更加专业的调味烹饪技术"。

身份："身份"是一个术语，它用于描述一个公司的行为特征，例如它的服务水平和做业务的工作方法。品牌是这一身份在市场上的表达或展示，可以用于创作一些独特和可识别性的东西，公司可以使用不同的身份战略。整体身份指的是，所有的公司或产品都持有的同一个品牌。从属身份指的是，在母公司背景下，展示了其血统的每一个公司或产品的独立品牌。品牌身份是一个在其权力下的，纯粹的品牌公司或产品，它与母公司无关。

客户: 萨尼科 (Sanico)
设 计: 拉维涅和西恩富戈斯 (Lavernia & Cienfuegos)
设计思想: 这是一个适应性强, 有教含义的室内符号标志

提炼

萨尼科

图为拉维涅和西恩富戈斯为萨尼科创作的一个符号系统, 设计师用大量的同质化的正方形和矩形图标作为内饰, 同时这套图标的结合体为设计增加了更多的含义。该设计非常清晰, 而且采用普遍公认的可识别标识, 让人们很快就能够理解符号的含义。

N COLL VERD

客户: 太阳红酒 (Sun Wines)
设计: 老鼠平面工作室
 (mousegraphics)
设计思想: 符号学将太阳与红酒
的种类联系在一起

Red — Sun

Syrah Ampelonan — Syrah Lianotopo

提炼

太阳红酒

老鼠平面工作室为太阳红酒的有机红酒创作了这个包装,它利用符号描述日出的场景表现品牌,吸引了有设计意识的消费者。它通过符号化了的太阳的特别阶段的颜色与红酒颜色的结合,为白葡萄酒、红葡萄酒和桃红葡萄酒分别作了包装设计:深红代表夕阳,黄金白代表正午阳光四射,玫瑰粉红代表星星初升。设计师为每个品种都专门设计了符号,并将这些符号放置于酒瓶的箔盖上。

挪用

当设计师将其他设计的一个元素合并或附加到他的作品中时，就被称之为挪用。

设计师将其他作品的元素挪用或合并到他们的作品中，可能是在例如美术、设计或广告设计这类的视觉创意领域的大量作品上的绘制。挪用通常非常直接，它能够使观者迅速理解预定的信息。人们识别挪用的能力使其成为沟通的有效方法。下面会描述一些挪用的关键形式，随后的几页中，会为读者展示相关的一些实例。

模仿

模仿是现有设计或图像在新的设计中的复制、再现或改编。当人们已经决定采用哪种设计方案，并对其进行了尝试和测试，模仿则对制作一个有效设计提供了捷径。

改编

修改原创设计以适应另一个目的，被称为改编。虽然内容、信息或媒介可能不同，但改变依然能让新设计得益于原创设计的元素。

仿作

通过采用幽默或讽刺的方式戏弄原创作品的设计被称为仿作。对原创作品幽默的使用，通常可以改变或颠覆原始意义。

悖论

包含了冲突的想法或声明；设计师通常在悖论中注入幽默的元素，或是强迫观者提出这样的问题：他们看到了什么。

扭曲

形状或物体的光学现象或变形。视觉扭曲让设计师改变了事物的外表，使其更加不容易被识别，或者甚至塑造了一个完全不同的事物。

敬意

设计师可以通过将其合并到他们自己的作品中，或利用它作为基础，对一件特殊的作品、艺术家或流派表达他们的尊重或尊敬。

客户：玛格达莱纳河2004 (Magdalena 2004)

设计：米哈·阿特那克 (Miha Artnak) 与兹噶·阿里扎 (Ziga Aljaz)

设计思想：将一幅知名绘画作品改编，与观者交流了一种反战的信息

玛格达莱纳河 2004

柯克/呐喊（上图）是一张反战海报，它是由斯洛文尼亚设计师米哈·阿特那克与兹噶·阿里扎创作的，该作品被选为《2004年玛格达莱纳国际创意交流艺术节》（Magdalena International Festival of Creative Communication 2004）最佳新人奖。作品是对挪威艺术家爱德华·蒙克的绘画作品《呐喊》的改编，其特点是一个像骷髅头一样的幽灵被绝望笼罩。改编的作品中，用一个飞机的剪影代替了幽灵的眼睛和鼻子，同时，幽灵的嘴是被一个扔下的炸弹所代替。在这个反战主题的设计中，画中的血红色火焰转化成了燃烧的身体。

提炼

客户： Momenturn图片
设计： NB工作室
设计思想： 模仿和恶搞产生了有趣而生动的结果

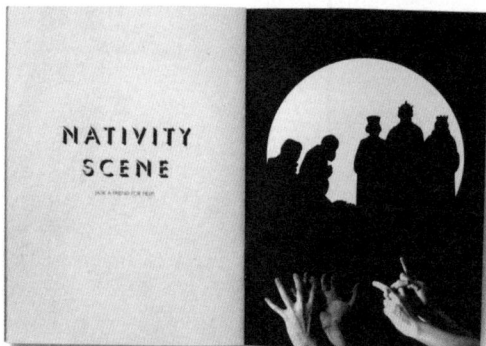

Momenturn 图片

这个绘本或圣诞卡片的特点是模仿手影或将影子投射到影幕上的技术。设计采用了手影的方式，创作了圣诞影幕上的轮廓，以模仿创作黑白无声电影的效果。设计改编了将影子投射在影幕上的技术，随着观者浏览整本书，手影技术很容易弥补了本来不可能完成的事情。而其结果是一个有趣而又有参与感的圣诞卡片。请注意在最后的图像中使用的，注入了幽默的悖论。

杂木林咖啡（Shaw's）（对页）

为英国诺丁汉杂木林咖啡做的品牌的重设计，该设计基于了战后欧洲的感觉以及咖啡店所在的房子的陈设。菜单采用了简单的印刷设计，并以各种不同的尺寸和颜色展示。引用了维特萨瓦伦的《生理学的味道》一书中的文字，表示对美食家的敬意。

客户: 杂木林咖啡
设计: 输出工作室 (Studio Output)
设计思想: 这个咖啡馆品牌重设计中表达了对一位知名美食家的致敬。

THE DISCOVERY OF A NEW DISH CONFERS MORE HAPPINESS ON HUMANITY, THAN THE DISCOVERY OF A NEW STAR

THE PLEASURE OF THE TABLE BELONGS TO ALL AGES, TO ALL CONDITIONS, TO ALL COUNTRIES, AND TO ALL AREAS; IT MINGLES WITH ALL OTHER PLEASURES, AND REMAINS AT LAST TO CONSOLE US FOR THEIR DEPARTURE.

A COOK MAY BE TAUGHT, BUT A MAN WHO CAN ROAST, IS BORN WITH THE FACULTY.

LET THE MEAL PROCEED WITHOUT UNDUE HASTE, SINCE DINNER

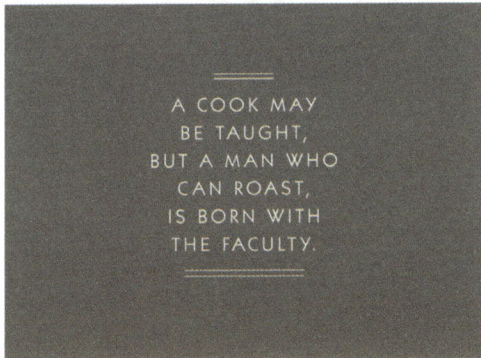

A COOK MAY BE TAUGHT, BUT A MAN WHO CAN ROAST, IS BORN WITH THE FACULTY.

幽默

设计师可以创作出有趣或好玩的设计，从而与目标观众建立关系。人们拥有很强的能力，在甚至最陌生和最不可能的地方发现幽默，所以幽默可以成为一种非常有用的工具。

幽默来自于挖掘一个群体的共同社会文化出处以及这个群体认为什么是有趣或幽默。幽默可以在不同层面发挥作用——从看到别人犯了一个错误或伤害到了他们自己的幸灾乐祸的感觉，到采用更加微妙的机智和反讽的形式。

幽默的使用还有助于缓解那些可能过于严重或窒息的主题。然而，幽默是非常主观的，什么是可接受的幽默，会随着群体的不同而有所变化。

鲁赫尔（Rugel）（上图与对页）

这些海报是由设计师斯拉维米尔·斯托亚诺维奇（Slavimir Stojanovic）在Futro为斯洛文尼亚的卢布尔雅那的一个眼镜商做推广活动而创作的广告。运动要求借准确的视力来达到高水平的发挥，每个海报以夸张的方式展示了视力差的情况下所导致的结果。夸张的荒谬成为一种幽默。

客户: 鲁赫尔

设计: Futro

设计思想: 误判的夸张为眼镜商创造了一种幽默效果的广告

提炼

www.optika-rugel.com

拟人化

设计通常会对一个公司、产品或项目的特定目标、属性或特征拟人化成一种可识别的图像装置。

拟人化是一种用于展示公司或品牌突出特征的抽象性质。设计师创作了将这些性质拟人化的平面装置，从而使消费者或顾客可以形成一种情感识别。许多公司或品牌都用这种方式勾勒自己的功能。

拟人化的使用是否成功和可靠性，需要考虑平面装置和它描绘的特征是否能与目标观众成功地达成共鸣，并与产品或组织的特征相吻合。如果不这样，它将表现得非常不协调。

为了达到这一要求，设计师会使用到自上而下和自下而上的设计方法：在自上而下的设计方法中，设计师必须确定和优先考虑拟人化的特征是什么，而在自下而上的设计方法中，设计师需要将什么能够吸引目标观众的考虑与视觉想法的产生和概念化结合。

Heal's（对页）

图为五角星设计工作室（Pentagram）为家具和家居产品制造商Heal's创作的一系列包装。单调、无图化的设计使用了微妙、冷幽默的设计方式，将公司简单、干净的风格拟人化。设计师用字体作为平面元素，以形成"玻璃"的茎、"叉子"的手柄和"蜡烛"的火焰。

客户: Heal's
设计: 五角星设计工作室
设计思想: 字体在拟人化的当代
设计风格中增加了设计的幽默感

HEAL'SHOUSE

GLASS

4 Red Wine Glasses

HEAL'SHOUSE

Moroccan Rose
Scented Candle

CANDLE

HEAL'SHOUSE

CUTLERY

提炼

视觉隐喻

视觉隐喻指的是一个东西暗示着与之相似的东西。

视觉隐喻提供了一种机制，即将更有趣的东西注入偏重于文字的设计中。它们可以是严肃的，或更加轻快的，还需要提供一个交流概念或信息的快速手段。Logo通常是以视觉隐喻为特征，简洁传达关于一个公司或组织的本质信息。

共享知识

通过视觉隐喻暗示的意义，通常会通过背景中展示的视觉设备创作出来。例如，视觉隐喻的使用，（特别是为了能够让观者理解一个特定的含义）要求在人们之间存在共享知识或文化。共享知识公用集中池的展示让设计师将主观线索或出处放置在整体设计中，这将形成比喻的基础。

九十理发店（Ninety Hairdressing）（对页）

这个设计是由马克工作室（Mark Studio）为九十理发店设计的一个一语双关的视觉装置。图像描述了一幅美发剪刀的眼环，对客户的业务作出了明显的视觉引证。眼环和手指也展示了公司名字"九十"的视觉表现。

客户: 九十理发
设计: Mark Studio
设计思想: 一语双关的视觉装置指的是公司提供的服务和公司的名字

Reece Cooper

Ninety *Hairdressing*
Telephone 07852 309 496
reece@ninetyhair.co.uk

提炼

修正

设计通常是在一个冻结的图形瞬间讲故事。修正是设计方面的关键，它用为文字和图像灌输含义的方式将其进行转化。

介入

通过介入一个图像，设计可以修正它的意思、重音或重要性，或彻底改变对它的关注点。

省略

省略是一些东西被丢掉或遗忘。它可以被用于将观看者的焦点引导至省略的元素，或引起对忽略发生的背景的关注。

对立

当两个或更多的想法竞争、冲突或相互抵抗的时候，就会出现对立。在平面设计中，对立是一种并置的形式，元素被定位，为了在它们之间创造一个对抗关系以处理他们的固有对比——例如，天使图像与魔鬼图像放在一起，代表了善恶。

一语双关

平面装置可以在设计建立的背景下同时交流两个信息。这可以通过对易于识别的对象进行微妙的变化而实现。它们的成功依赖于观者认识和诠释背景参考的能力，这就意味着设计师可以创造一语双关，用于与非常具体的目标受众产生共鸣。

客户: 人类 (Human)

设计: 品牌之后工作室

设计思想: 修正字体以强调人类的特征

an Visconti

38 5th avenue
rd floor / new york
NY / 10011 / USA

Tel: 212 352 0211
Fax: 212 352 0210
www. humanworldwide.com
Email: morgan@humanworldwide.com

提炼

人类

图为一张名片，它是音乐与声音设计公司"人类"的标识重设计，设计师修正了它的字体，使其达到了独一无二的效果。单词中的小写字母a被修改成了一个精子的形状，精子的尾部将随后的字母竖向分割成了两部分。将这个精子特征的形状置于单词"human"之中，标志着每个生命的开始，暗示了公司为他们的客户创造良好的解决方案，有一套非常人性化的工作方法。

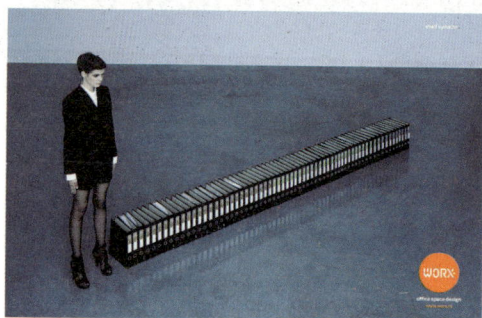

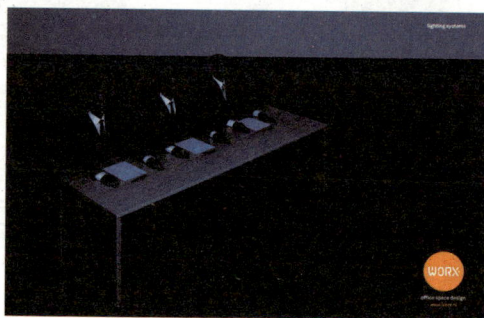

Worx

图为办公空间设计公司和建筑工作室Worx的系列广告。每个海报都是以一个领先的意大利制造商创作的一件特别的家具为特征。海报省略了其他办公用品，以突出家具在我们生活中的重要作用。这个广告的艺术方向导致了高度风格化的图像，这些图像和人们在时尚广告中看到的一样有效。

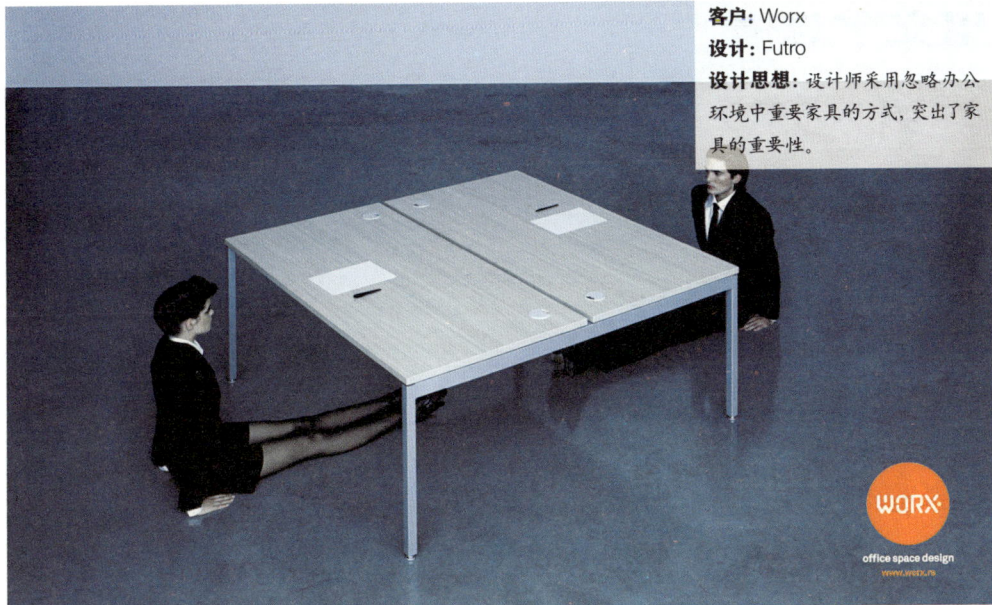

客户: Worx
设计: Futro
设计思想: 设计师采用忽略办公环境中重要家具的方式,突出了家具的重要性。

提炼

用文字思考

人们可以用很多种方式使用文字来交流信息：这些方法可以帮助人们简单地理解信息，或提供多种不同可能的意思。

我们对文字、语言以及声调传达的选择比我们说话的内容具有更深的含义。

设计师需要将词语视为词汇和视觉元素的组合。从设计的角度来讲，有些词语在纸张上形成的造型更有意思，而词语所表达的意义更有力量。例如，"死亡"一词比"面包"一词更有影响力。

语言的创造性使用可以帮助人们将一个想法、公司或产品，在目标受众的心目中产生更精准的定位。在过去的五十年间，随着语法的灵活性和区域方言，口音和俚语越来越多地被人们所使用，更加放松或非正式的语言越来越受人们的欢迎。

视觉机理

字体、尺寸和状态可以为字母形式和文字创造视觉肌理，随着上升和下降改变文字的形态或视觉景观。当涉及标识的设计和品牌创作的时候，字母形式的视觉肌理尤其重要。当口语在设计中也可以复制的时候，词语产生了声音肌理或语音学的声音以及节奏。词语的声音肌理可以用视觉化的方式表达。比如"boom（激增）"是一个拟声词，它描述了词汇回音的声音。"back"一词有一个刺耳而又突然的结束，"bar"一词却要卷起舌头。

人们可以用词汇增加一个作品的幽默感。双关语利用了一个词的不同可能的意思。双关语本质上在一个文本中，用一个意思替换另一个意思，以暗示替代的意思，使观者基于一个特定的共享知识或文化，认出代替的意思。设计师可以用词汇和词汇声音的替代意思，形成新的意思，用图像替换图像以形成新的意思，或者基于图像通常表达的名词，利用图像形成词汇。

客户: Part of it
设计: 丹尼尔·埃托克 (Daniel Eatock)
设计思想: 以不寻常的格式最大限度地曝光社交信息

Part of it

Part of it 是一个慈善项目，它邀请设计师和艺术家为他们感到有激情的产品进行创作。丹尼尔·埃托克选择了国际诵读困难协会（International Dyslexia Association）的作品，该组织专注于帮助有阅读困难和有其他阅读和书写障碍的个体。选择手提袋作为宣传的方式，使人们随处可见该组织的信息，因为手提袋的使用可以遍及大街小巷。该设计还创造了一个可以为慈善事业销售赚钱的产品。

字体 "表情"

字体有它们自己的个性，所以非常有必要让它们拥有不同的面孔或字符。

　　服务于设计的字体拥有不同的角色或功能，这就意味着设计师需要思考，哪个字体的个性更加适合所要交流的信息。字体的表情可以帮助或阻碍信息的交换，因为每个字体的表情所讲的故事不同，每个观者都能因此而被激起不同的感受。

　　首先，字体向观者交流的信息需要足够详细。其次，由于字体是一个页面上的一系列标记，它也可以用于更图形化的目的；这些标记的形成方式创造了页面上的不同形状和不同的空间使用。

　　不同的字体表情具有不同的个性，在某种程度上说，它们可以被认为是讲故事和传达感受的表情，而非它们展现的词汇。例如，有些字体的表情看起来很严肃，有些字体的表情很正直、很保守，而有一些则非常有趣，具有冒险精神，并且充满青春的活力。

Type

Bodoni Poster

现代主义衬线字体表情，带有年轻和强健的感觉。

Type

DIN

功能与效率的无衬线字体，带有中性被动的感觉

TYPE

Desdemona

这种新艺术风格具有浪漫、精神的感觉，它仿佛回到了骑士年代。

type

Cirkulus

现代主义的无衬线字体，带有俏皮、混乱的感觉

Type

Courier

冷酷、机械的衬线字体，带有繁文缛节的感觉

Type

Brush Script

有趣和动画的脚本字体，传达了年轻的、充满能量的感觉

客户: 权力中心 (The Powerscourt
Centre)

设计: 无思考工作室

设计思想: 将文本元素设计成礼
物,有一种节日的感觉

提炼

权力中心

这幅海报是为权力中心在12月做的一系列节日广告。组织的名称用的是一种展示字体,每个
字符看起来都像一个用丝带和蝴蝶结包装好的礼物。这些广告展示了这样一种事实,即该品
牌将各种活动都作为节日季的一部分。

用形状思考

像文本块这样的设计元素在页面上形成了合适的形状。用形状思考有助于设计师平衡每个元素之间的整体空间关系。

思考形状要考虑现有的不同设计元素之间的空间关系，考虑如何将它们填充到同一个页面。设计师可以用这种方式思考页面的各种元素，以达到不同效果。1923年，卫斯理·康定斯基提出了三角形、圆形和正方形这3种基本形状和三原色之间的一个普世的关系。他相信，黄色的三角形是最活跃和动态的，蓝色的圆形是最冷酷和被动的。形状可以塑造或包含文字、图像和其他设计元素，而这些形状给予了设计者形成和操纵平面设计的另一层含义。人们对不同的形状有不同的反馈。比例，弯曲形状的圆形，看起来比具有粗糙或刚性角度的三角形和正方形更加热情或更加友好。

和谐

在一个设计中，和谐是不同形状之间感受上的协定，它们彼此支持以产生有效和连贯的视觉叙事。用同样类型的形状设置文字和图像，会使它们非常和谐。相反，用不同的形状设置它们（或用它们创造出不同的形状），会改变他们之间的关系，将它们置于冲突之中。

圆形传达的是过程或循环的意思，例如生命周期，它们非常完整，自己模仿自己。它们没有开始，也没有结束。

方形通常被看作是建筑体块。它们可以填充一个页面，因此封闭它或挤压边缘。它们不是废话和权利主义，它们传达了组织和结构的概念。

三角形是等级，传达着秩序和精英主义。它们可以引出一个结论或成为一个粉碎的碎片。

客户: 澳洲芭蕾舞团 (The Australian Ballet)

设计: 3 Deep工作室

设计思想: 舞者的造型创造了戏剧和平衡

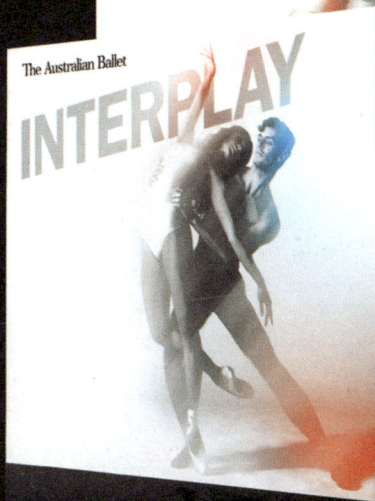

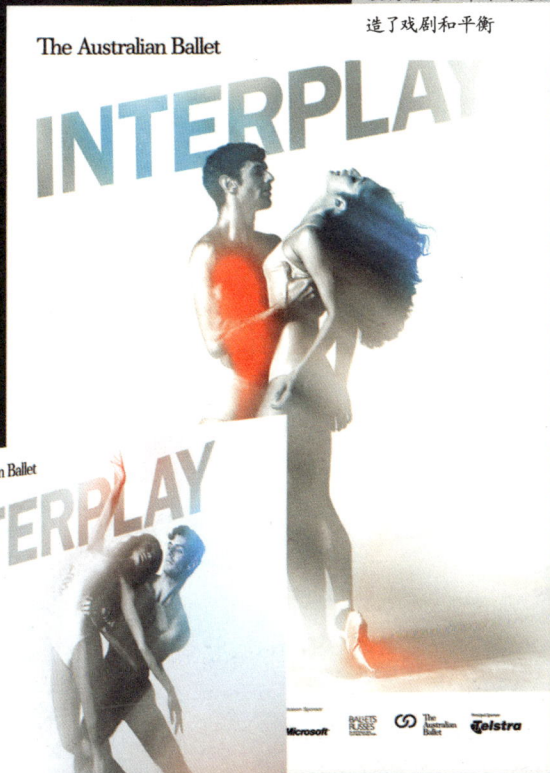

提炼

澳洲芭蕾舞团

图为3 Deep工作室为澳洲芭蕾舞团创作的海报，舞者的图像创造了戏剧性的形状，设计师通过对图像的处理，给观者营造了一种芭蕾的戏剧感和运动感。图像的平衡帧也增加了整体呈现的和谐性。

形状的头韵

对待不同的元素，设计师可以利用重复的形状，以创造一个装置，从而建立不同元素之间的关系或连续性。设计师还可以对相似的形状进行组团，以创作出更大的视觉元素，用以中和页面，特别是如果在设计中用到了其他大型的形状。

戏剧性

更动态、更有棱角的形状的使用，例如康定斯基的三角形，由于存在更多的锐角，增加了设计的戏剧性和有趣感。例如，将每一行文字都设置在一个三角形中，每行文字都有不同的长度，这与将每行文字都设置在一个典型的矩形块中，形成鲜明的对比。

在设计中使用形状

在宏观层面上说，设计可以通过在页面上在不同的积极和消极的页面，注入一系列形状，而产生不同的张力。这将引导眼睛关注排版的不同区域，也会改变积极和消极的空间效果。

马蒂·旺特里永（Mati Ventrillon）的视觉语言（上图和对页）

图为规划单元设计工作室（Planning　Unit）为针织品设计师马蒂·旺特里永设计的视觉语言，它使用了展示架上的衣服创造的近似三角形的形状作为其视觉语言。马蒂·旺特里永设计了一件针织品，其灵感由来之地为设得兰群岛，当设计师将费尔岛杂色图案的针织品放在该群岛的野外景观中时，展示架打开的衣服的手臂造就了一个超现实和不自然的对象。

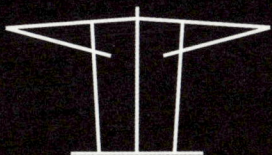

客户: 马蒂·旺特里永
设计: 规划单元设计工作室
设计思想: 服装的形状与环境相联系

Mati Ventrillon

INSPIRED BY TRADITION
CRAFTED FOR LIFE

提炼

The Basics

图为老鼠平面工作室为一个四联装的护肤产品The   Basics创作了包装设计，其特征是在一个简单的白色瓶子上为动物或其他自然形式构建了准可识别形状的抽象图案。设计师用"奥克姆剃刀"的工作方法，通过采用同样的元素塑造每一个图案形状，专注于一个问题，即在交流想法方面，什么才是至关重要的。

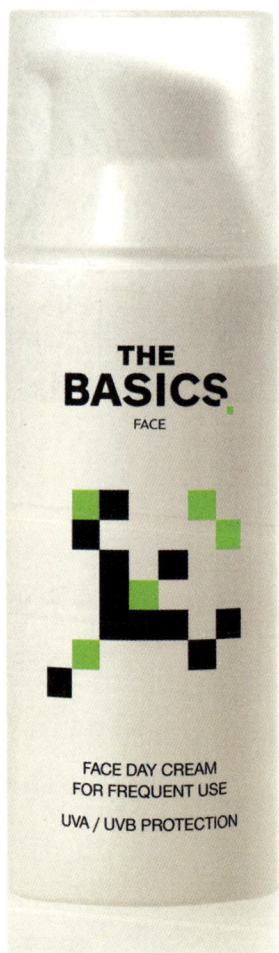

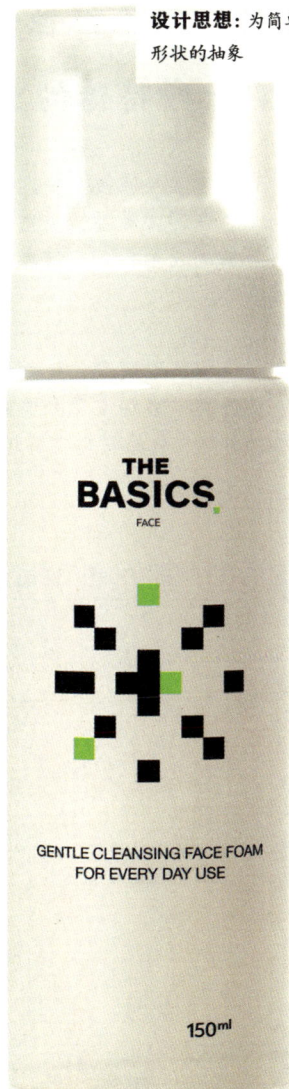

客户: The Basics
设计: 老鼠平面工作室
设计思想: 为简单的交流而做的
形状的抽象

THE
BASICS.

FACE

GENTLE CLEANSING FACE FOAM
FOR EVERY DAY USE

150ml

THE
BASICS.

FACE

GENTLE CLEANSING FACE FOAM
FOR EVERY DAY USE

150ml

提炼

用色彩思考

随着色彩传递的象征性的文化含义，色彩交流的力量远比简单强调一段特殊的文字要深远得多。

色彩词汇根据文化的不同而变化，设计师可以借此机会与目标群体建立更好的联结。例如，西方文化将白色联想为婚姻，黑色联想为死亡，但是在世界的其他地方则不是如此。由于色彩的选择可以强调或削弱一个信息，因此更好地理解不同文化的色彩指向，有助于确保一次设计交流的成功。

色彩是一种强大的情感刺激，比如红色和橙色是增加兴奋感的暖色，蓝色和紫色引起更镇静和保守反应的冷色。各种文化和情感对颜色的反应，被视作是身份的基本部分。色彩的使用有助于形成对品牌文化的联想或引起对它的情绪反应。

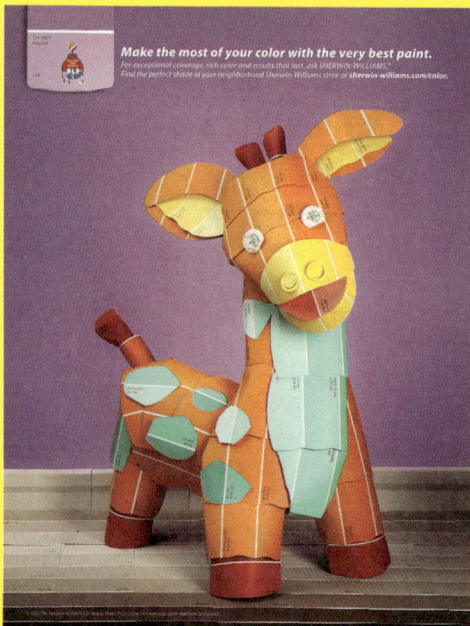

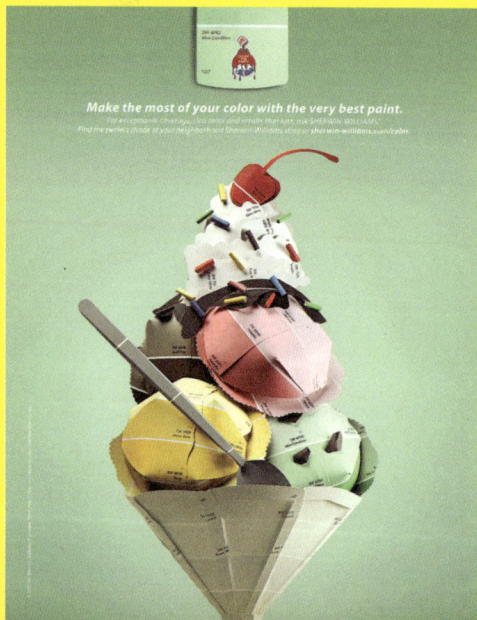

© 2010 The Sherwin-Williams Company. Paint chip sculpture created by artist Matthew Sporzynski.
113
COVER THE EARTH
SW 6786
Cloudless
Make the most of your color with the very best paint.
For exceptional coverage, rich color and results that last, ask SHERWIN-WILLIAMS.
Find the perfect shade at your neighborhood Sherwin-Williams store or sherwin-williams.com/color.

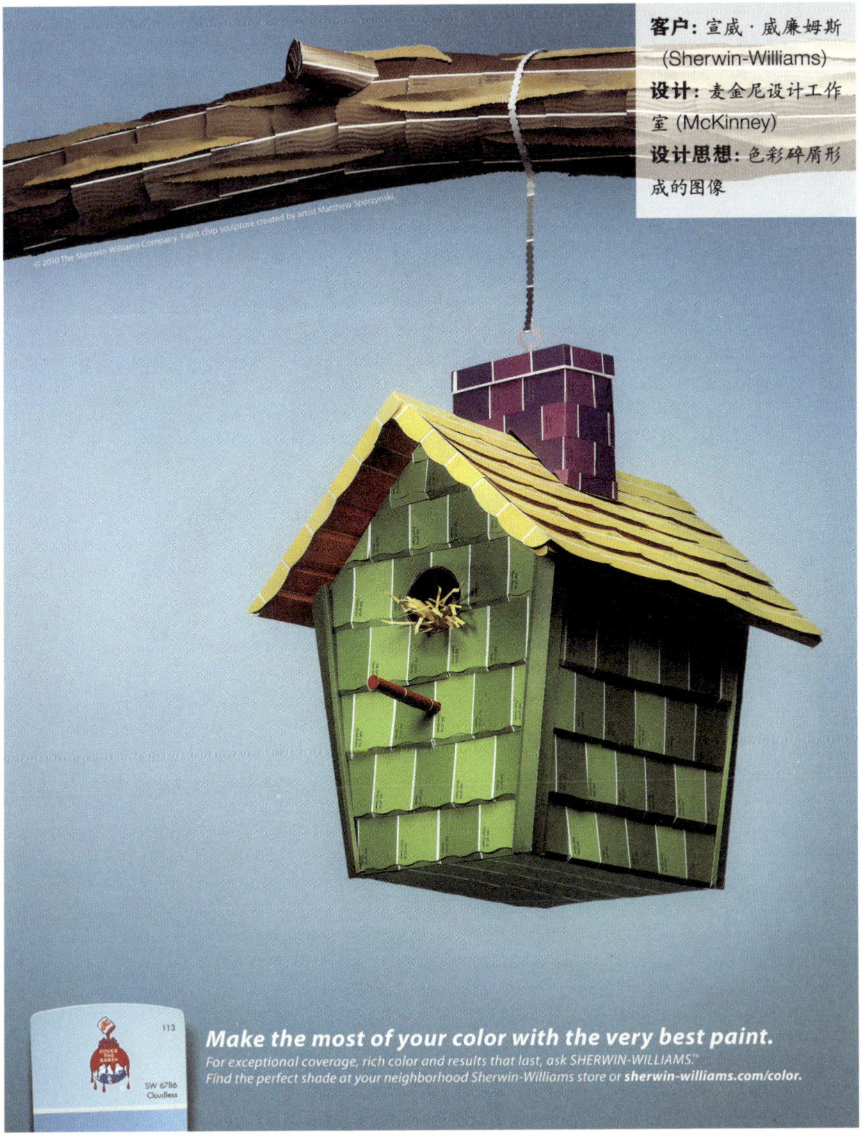

客户：宣威·威廉姆斯(Sherwin-Williams)

设计：麦金尼设计工作室(McKinney)

设计思想：色彩碎屑形成的图像

Sherwin–Williams

图为麦金尼设计工作室为油漆生产商宣威·威廉姆斯创作的广告《色板》，其特征是用色板形成图像。

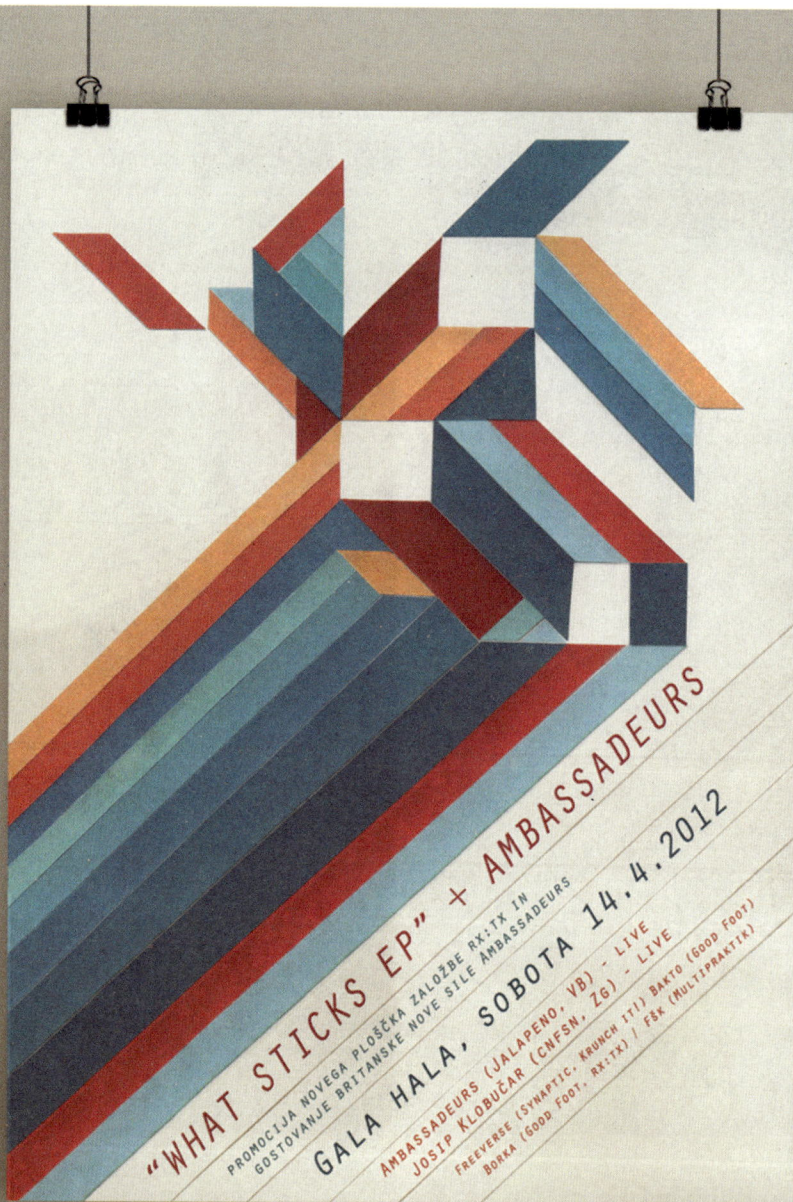

客户: rx:tx

设计: 多种实践工作室
(Multipraktik)

设计思想: 有限调色板
的色调变化

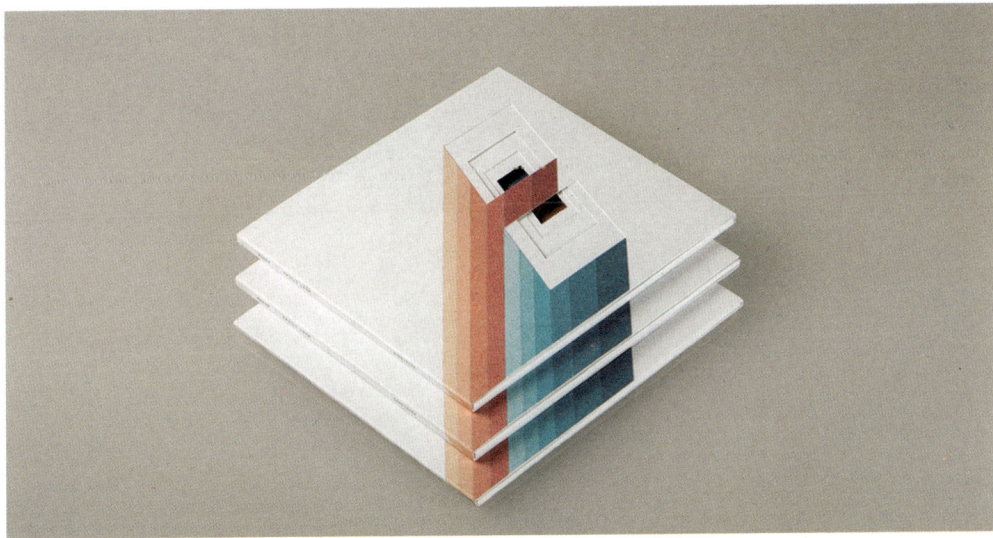

提炼

博尔卡（Borka）

图为多种实践工作室为博尔卡在唱片公司rx：tx的首个单曲发布而创作的包装，专辑名称为《What　Sticks》，设计师采用三个颜色在各种色调下中性而简化的色板，提供了深度和运动感。

The Great Cou

The Reichstag

Carré d'Art, Nîn

Free University of

the British Muse

PRESTEL

PRESTEL

erlin

提炼

诺曼福斯特事务所

图为托马斯·曼斯为建筑实践公司诺曼福斯特公司创作的印刷品，大胆的色彩使每一本建筑项目书都具有个性化的特征，文字设置的银色的反差为一系列不同的作品创造了连续性和秩序。

用技术思考

设计师一直都需要就设计如何被制作出来而考虑技术的问题。今天，人们越来越多地使用数字化媒体和智能设备，意味着设计思想必须考虑到设计将要使用什么技术。

除了设计那些使用户可以在无数不同的设备上（其中包括计算机屏幕，平板电脑和智能手机）观看的作品之外，用户不再满足被动观看和需求交互的内容。

从有能力与他们的朋友分享内容或通过社交媒体接施，到有能力为他们的个人品位或需求操作、改装和定制内容，用户对他们访问和使用信息的方式已经变得越来越苛刻。

特定的手机程序会基于他们的地理位置和品味，或根据过去的使用模式，自动地向用户提供内容。当人们正在经过商店或有趣的地方的时候，智能手机中的GPS技术使公司随时提醒人们特别的优惠或感兴趣的东西。技术还正在蔓延到智能手机屏幕范围之外的增强现实设备，使观众在博物馆、主题公园和其他设施中拥有更广泛的感官体验。

设计与技术的联系越来越紧密，金属的进步需要设计为用户创造无缝的体验。

工艺向前（Craft Forward）

图为设计是游戏工作室为美国加州艺术学院的《工艺向前》研讨会创作的标识和横幅，其设计特色是将一个20世纪初的打印机装饰与二维码并置。

客户: CCA工艺向前 (CCA Craft Forward)

设计: 设计就是游戏工作室 (Design is Play)

设计思想: 将现代思想和旧有思想并置

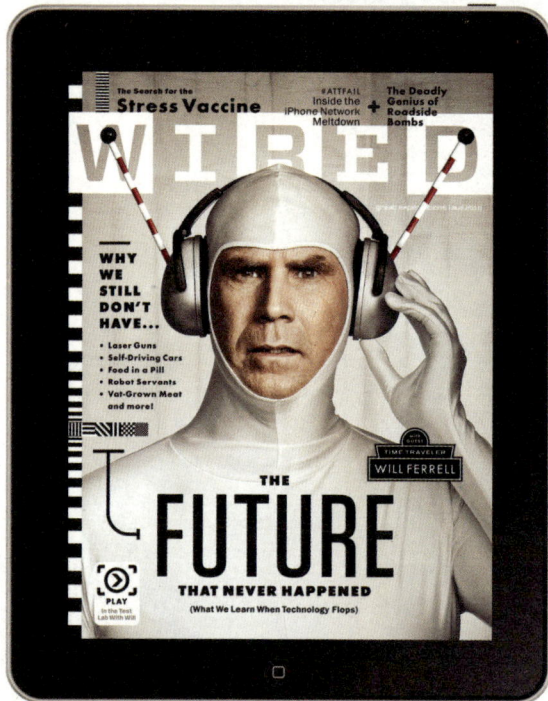

客户: Wired
设计: 设计就是游戏工作室
设计思想: 互动图标

Wired（上图）

图为设计就是游戏工作室为《Wired》杂志的ipad应用程序创作的一套图标，它反映了平面设计的变化本质。随着人们越来越多地使用智能手机和平板电脑，互联网的使用正在从万维网移动，在越来越大的屏幕配置上显示内容，人们可以直接访问应用程序。平面设计通过发展其互动的内容和访问方式，使自己处于这一改变的前沿，例如这里展示的图标。

数字化广场（Digital Square）（对页）

图为老鼠平面设计公司为数字化广场创作的一个logo，它将一个人们会面的场所或集市广场（希腊的集市）与二维码结合在一起。

客户: 数字化广场
设计: 老鼠平面工作室
设计思想: 将旧有的和现代的想
法结合在一起

提炼

拉维尼亚与西恩富戈斯：奢华的包装方案

以下几页展示的图片是奢华优质的利比亚火腿包装的图像。

农业多样化（Agriculturas Diversas），是一个在优质火腿方面有悠久传统历史的公司，它创造了橡子喂养的利比亚火腿，该产品需要一个有名的包装设计，从而使用户将产品作为特别的礼物送给别人。包装需要向大众传达这样的一个信息，那就是该产品具有极高的质量，它可以与美食世界的其他高端美食，比如鱼子酱、鹅肝一起相提并论。设计方案包括一个哑光的黑色包装设计，外面的金色猪型的把手与内部展现的利比亚火腿的精细切割的高雅，形成了鲜明的对比。

问：为了重新定位这个产品，你的工作方法是什么？

答：我们同时做了两个方案。每个方案都始于不同的角度。这里展示的是最终决定的方案，这个方案的诞生来源于服务于一个高质量的产品的想法。托盘，采用了高质量的材料和表面装饰，暗示着一个认真的、高水平的服务。产品的定位通过独家而卓越的服务意象得以传达。我们做的另一个候选方案源自火腿的起源。这些火腿是在非常特殊的条件下，在有橡树的乡村（拉德艾萨），通过给猪喂养橡子而获得的。其包装是一片橡树木，它包含了在火腿制作中不可缺少的原料、乡村、手工工艺方面的内容。这个包装设计质量也非常高，但它谈论的是产品的原产地及其生产。

图为拉维尼亚与西恩·富戈斯为优质利比亚切片火腿品牌Extrem创作的包装，其特征是用高端的处理方式定位产品，使其与其他美味佳肴如鱼子酱和鹅肝一起相提并论。

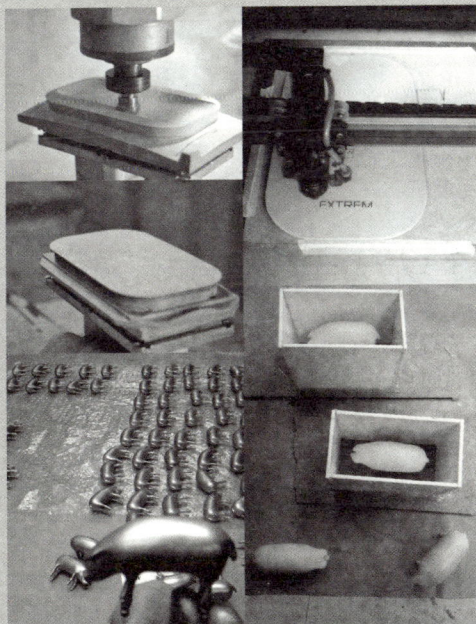

提炼

然而，最终选择的方案，就像一个关于它的消费的承诺。两个不同的视角，两个不同的解决方案。

问：你是如何找寻交流的新方法的？

答：我们总是想看看如何能够给出一个扭曲的问题：如何从另一个角度看待问题，从而使我们发现一些新的东西。设计就是从不同的方式看待事情，从不同的角度看待问题。作为平面设计的实践者，产品设计和包装让我们从一个领域跳入到另一个领域，从给定的部门到为另一个独特的部门提供设计的解决方案。想法的转移是非常丰富的。介于这个原因，我们给自己对抗，专攻一个学科。

问：为了促进创新，你在你的工作室中注入什么样的工作进程？

答：我觉得当我们提到创意的时候，我们说的是不同的东西。一方面，想象新事物的同时又能直观看到或了解一个设计的解决方案，这是一种本事。这是天生的创造性人才的做法。另一方面，有些人可以从技术层面支持你想象新的想法，但是他们不能进行必要的创造性飞跃，从而直观地了解解决方案。这是一种需要学习的创造力。创新型人才可以通过训练而得到提高。学习到的创新可以走得非常远，但是永远也不会比先天的创新型人才走得远。我们寻找每个项目的初始焦点，这些项目会在需要发展的工作中唤醒不同的创意愿景。我们相信，仅仅是为了贡献自己而设计的行为，意味着对寻求创新的某种承诺，通过讲一个新的故事，或至少是以一种新的方式讲故事。

问：关于更创意的思考，你所给出的最好的建议是什么？

答：这是一个来自奈杰尔·克劳斯（Nigel Cross）的想法，他说，设计师和建筑师所采用的思考形式不同于工程师：工程师专注于问题的战略运作，并对问题进行分析和打破，而设计师专注于解决方案。作为设计师的我们，会直觉性地处理解决方案。我觉得这是肯定的。客户第一次跟我们说他们想要什么，我们就已经开始想象形式甚至解决方案。项目是对可能的可以想见的解决方案的一个持续的寻找过程。直到我们停留在一个方案上，因为我们证明了这个解决方案是好的，换句话说，它回应了任务书中所有关键的要求。

拉维尼亚与西恩富戈斯是西班牙巴伦西亚的一个工业和平面设计实践公司。
www.lavernia-cienfuegos.com

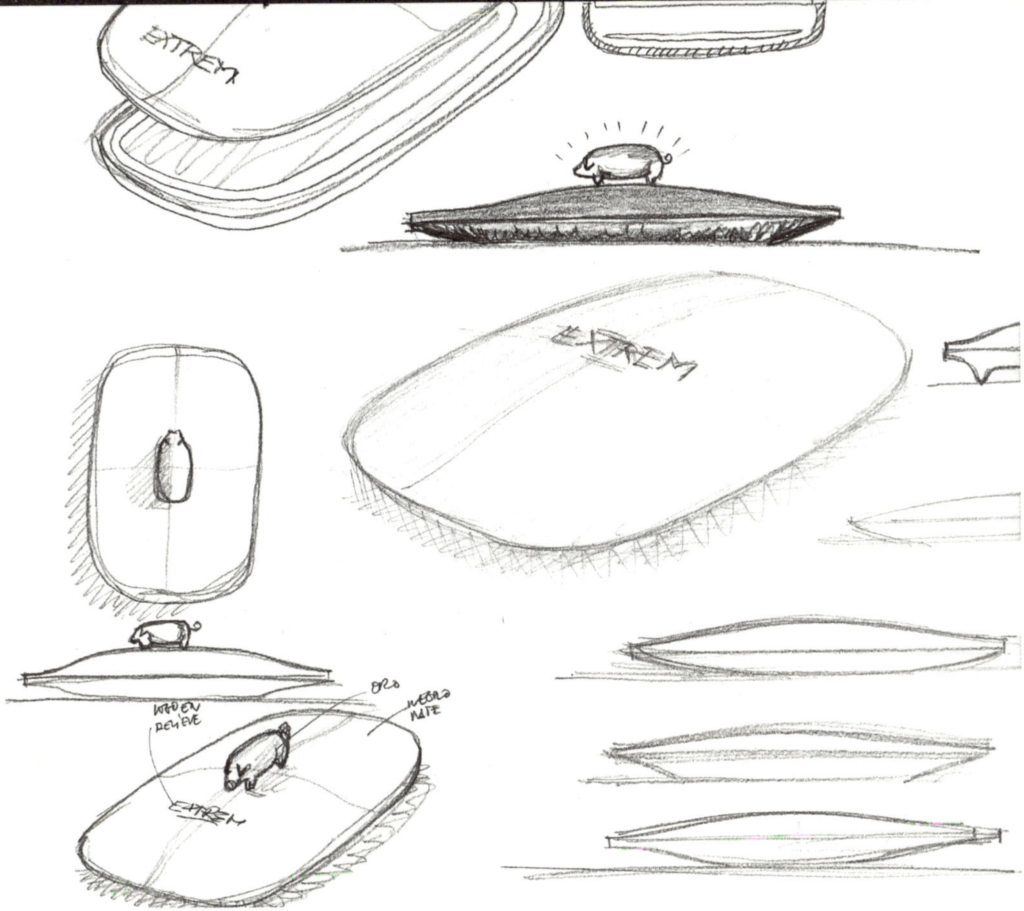
EXTREM
EXTREM
EXTREM

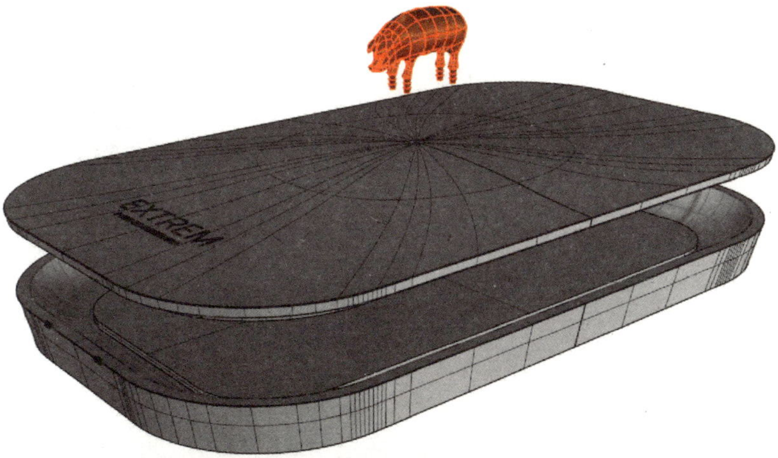
EXTREM

客户：圣克莱尔家庭庄园 (Saint Clair Family)

设 计：创意方法工作室 (The Creative Method)

设计思想：简约创造优雅

第五章

原型研究

设计是一个可以对一个特定问题或任务书产生许多解决方案的创意领域。设计师一旦生成了一个可行的设计想法，他们的设计思考就要继续向前发展。设计师会继续处理设计的想法或概念，并将其呈现出来，以便使想法可以开发和推进成一个最终的结果。

设计是一个有针对性的思考进程的结果，它是由各种文化、政治和事实投入所滋养的，所以，设计师会尝试不同的方法和技术，以发展他的想法。由于原创的设计想法需要以不同的方式得以发展、调整和表达，在这个阶段，设计词汇表扮演着关键的角色。不同的设计词汇表可以用于改变作品的口音，例如改变作品的式样，从现代到历史，目的在于提升设计的意义，提高设计有效交流的能力。

一旦设计师通过了设计进程的最初阶段，得到并提炼出了一个想法，他们依然需要进行下一步的设计思考。设计师需要在这个阶段提出，设计将是什么样子，它如何呈现或制作。我们所指的"词汇表"在这里扮演了至关重要的角色，例如，如何图像化地表达一个东西？它是什么调调的？是现代的还是老式的？是简陋的还是精美的？这不是装饰，而是如何利用平面词汇增加或减少，反转或增强一个设计的含义。

原型的研究为用各种方式尝试设计想法提供了机会，设计师可以通过这个过程看到它在实践中是否能够发挥其作用，并且使设计师更好地理解这一视觉交流作品是如何工作的。

Elbows Bend包装设计（对页）

图为托尼·伊博森（Tony Ibbotson）在创意方法中，为圣克莱尔家庭庄园优质的奥塔戈的黑皮诺葡萄酒（Otago Pinot Noir）创作的红酒标签，设计师采用的简单而干净的商标让红酒在货架上脱颖而出，并通过使用打破传统标签设计格式的简单的排版，强烈地反映了其溢价定位。黑色铝箔字体在带纹理无涂层的纸张上的呈现，增加了触觉的溢价感。

发展设计

构思阶段将产生符合任务书的各种可能的解决方案，但是设计师需要对设计想法进行进一步的发展，从而对需要交流的信息进行更加精确的处理。

在设计进程的这个阶段，设计师要为在构思阶段产生的概念进行发展，并为其骨骼增加内容，目的在于方便选择。

设计师需要对设计和交流策略进行深思熟虑的思考和发展，以保持所有交流中的思考的连贯性和一致性。当连贯性和一致性被打断时，设计中可能会存在不一致，这可能导致观看者产生思维混乱，并导致人们怀疑或不信任所接收的信息。

在创建企业或品牌标识方面，信息的一致性最为重要。标识的创建需要反映和强调公司、机构或品牌所述的目标和目的，使其交流的有效性达到最大化。所有的组织都在寻找他们自身和他们的产品与众不同的地方，这要求设计师对其性质进行诚实的评价，以便确定和关注到可以实现这一目的的方面。

许多公司相信，拥有国际地位、在不同的市场之间，有规模而且高效地游走并进入丰富的本地市场，获得本地的支持，可以为他们增加可信度。但是有多少公司是真正国际化的呢？大多数公司都深深地扎根于一个国家，可能有的公司会存在于一个或几个国家。更少有公司能够存在于不同的大陆。将国际主题纳入到设计信息中，可能不是设计的最佳使用方式。

项目任务书和初步研究应该确定设计的关键优势和方向，正是这些方面为信息的构建提供了依据。

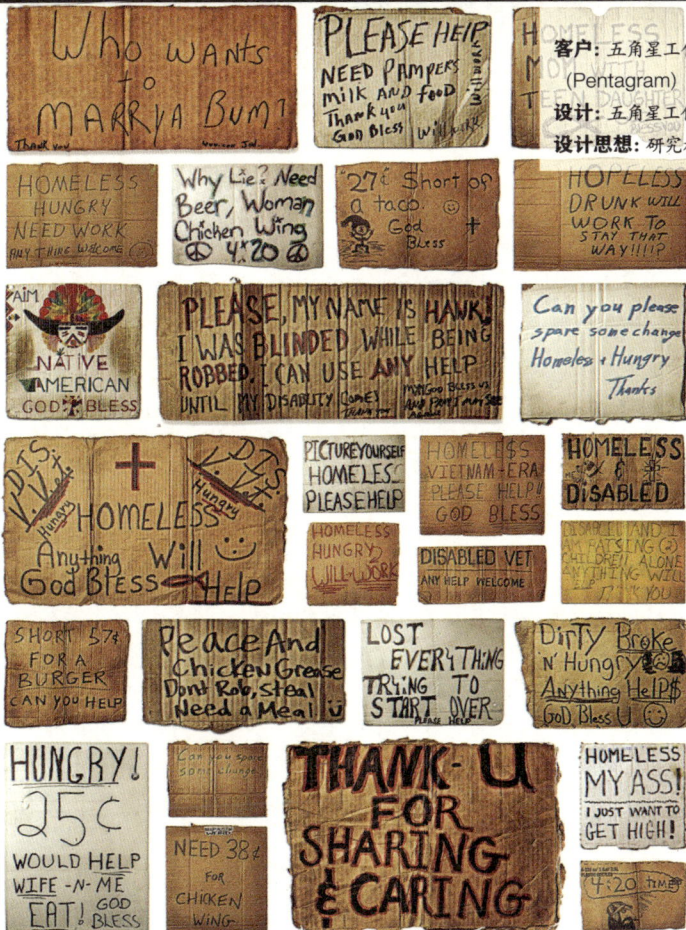

客户：五角星工作室
(Pentagram)
设计：五角星工作室
设计思想：研究材料的拼贴

SIGNS OF THE TIMES Join Pentagram at 7pm on March 21st for a fundraiser benefiting Mobile Loaves & Fishes. We'll be handing out Pentagram Paper 39 featuring legendary Texas musician Joe Ely's homeless sign collection and portraits by Michael O'Brien. 1508 West Fifth Street. RSVP to howdy@texas.pentagram.com

五角星工作室

这个海报为无家可归者宣传一个募捐活动，并庆祝《五角星论文39：标志》的发表，这篇论文是德克萨斯州音乐家乔伊·伊利（Joe Ely）和摄影师迈克尔·奥·布莱恩（michael O'Brien）和兰德尔·福特（Randal Ford）的合作撰写的，论文的关注点也是无家可归。海报将无家可归者们的手写标语拼贴在一起，提请人们注意他们的困境。这些标语经过了一年的时间收集，形成于设计过程的部分研究阶段。因此，这个项目是在背景研究阶段形成了设计的实质。该设计正是通过事情本身而表达了强有力的信息，使其在社会上又进一步地发酵。

设计耐力

一个设计不能是有限和稳定的：它需要有能力承受来自不同的方式，在不同的背景下改变、改编、运行。设计需要"有耐力"，这样它才能比最初计划的走得远。平面设计师需要在设计阶段就思考这一问题，然后逐步形成设计想法。

适应性

一个有适应性的设计可以跨越不同的版式、尺寸和分销渠道，自由转换。为了使设计具有适应性，设计必须是可伸缩的：不论它的尺寸如何，是被戏剧性地增大或是缩小，它必须一直不断具备有效沟通的能力。

故事性

最终的设计应该是许多未来可能的表现和使用的起点，所以设计师需要问这样一个问题，设计是否具备可以展开、扩展或扩大的叙事。有叙事的设计在未来更容易被改编，以填充新的市场细分或反映受众变化的口味。

灵活性

灵活的设计可以通过各种应用程序，在不同的环境中，在同一目标受众中间，保持广泛的吸引力，或者可以在广泛的背景中使用，以覆盖不同的目标受众。设计师可以通过避免使用有争议的概念，避免使用可能快速变化的元素，为设计注入灵活性。设计还需要灵活的技术，从而使它可能跨越广大不同的媒体和今天大家广泛使用的观看装置而获得最好的效果，这些设备包括计算机屏幕、平板电脑和智能手机。

梅西夫人（Mrs. Massey's）（对页）

为了给梅西夫人美味可爱的食品创造品牌设计，Ziggurat Brands品牌设计工作室需要创造一个可以跨越多种不同物品的作品。最终的设计是一个由各种厨房用具组成的图案。该设计具有很强的"耐力"，因为除了用在产品包装上之外，它还可以应用于其他促销品，例如圣诞卡（下图）。该设计既有趣，又轻松——人们不会觉得压抑，也不会觉得脱离语境。

客户: 梅西夫人 (Mrs.Massey's)

设计: Ziggurat Brands品牌设计工作室

设计思想: 具有足够"耐力"的品牌图像，跨越了多种不同物品而发挥效果

客户: Knopka.com
设计: NB工作室
设计思想: 独特的视觉设备展示
了品牌的特色

Knopka

图为NB工作室为俄罗斯商务服务公司Knopka（意思是按钮）创作的标识的一部分，它的特点是，按钮女孩向我们提出挑战型问题"为什么"，她克服繁琐，并鼓励客户以一种有趣而且独特的方式，而不是威胁的方式挑战现状。这个设计的概念具有足够的灵活性，使其可以用于从信封到咖啡杯的各种媒体。

客户: 斯洛文尼亚环球音乐
(Universal Music Slovenia)
设计: Multipraktik
设计思想: 使产品成为品牌的
视觉标识

原型研究

斑马点

图为Multipraktik为斯洛文尼亚环球音乐的乐队斑马点创作的一个可视化处理,该乐队采用平行的白色条纹作为视觉标识。Multipraktik通过将乐队成员也变成条纹的一部分,从字面上将这个视觉标识进一步发展,使产品成了品牌,品牌就是产品。设计概念还参考了甲壳虫乐队的专辑《修道院路》的封面。

字体的原型

设计师可以用不同的方式为一个作品创作原型，以尝试或确认不同的设计想法。

原型还可以像他人展示设计师的设计想法，例如客户，使人们更容易理解涉及的概念。

草图

设计师可以通过草图的绘制，草拟一个基本的视觉想法和不同设计元素的积极方面。这是一种为给定工作解决的总体设计问题的快速的、低成本的工作方法。

模型

模型是人们用三维的方式看到的设计的副本，它可以有不同程度的功能，其范围可以非常广泛，从简单的最终形状的副本到工作组件。模型可以分别测试设计的视觉效果和功能。

初步设计的模型

初步设计的模型是一个设计的三维尺度副本，它使人们获取与其相关的设置或位置有关的总览。它将设计图纸带入生活中。该方法常用在建筑设计领域，它可以帮助人们理解一个建筑在其背景下是什么样子的。

打印仿制品

打印仿制品是一个1∶1比例的图书小样，它是采用特定的设备和材料制作的。这种方法可以测试材料如何配合在一起能够达到更好的效果，它为物理产品的触觉元素提供了一些指示。

尺度

所有的原型制作方法都使用尺度作为测试方法的一个组成部分。初步设计的模型通常使用尺度将大型的设计削减成更简单的概要；模型可以是实际尺寸，可以是缩小的尺寸，或甚至是扩大的尺寸，其目的在于可靠的描述设计概念；设计师会做1∶1的打印仿制品；如果人们能够远距离交流顺畅，设计师还会将海报的想法制作成1∶1的原型，展示给客户看。

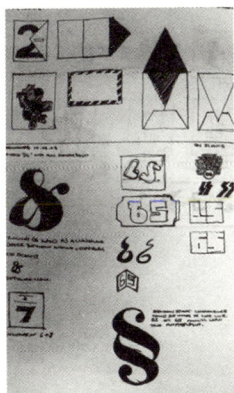

草图（上图和左下）

通过草图，我们可以看到原型制作的价值，使想法得以快速实现。图中的这些草图是由设计工作室3 Deep绘制的，展示了一个标识的发展过程。

印刷仿制品（右下）

采用了用样设备和同样页数的样本图书，使设计师在作品印刷出来之前就能够"感受到"它的样子。

词汇表

设计发展的一个重要部分是建立设计词汇表，它使作品可以得到有效交流。

设计词汇表指的是在设计交流中存在的元素和风格。例如，设计师可以通过使用各种不同的词汇表展示"自由"的想法，所有这些词汇表都将改变我们对于"自由"这个词的理解。用20世纪60年代的迷幻风格展示"自由"，与在苏联时代的宣传风格有不同的寓意。以下将向读者展示一些不同的词汇表或风格。

折中主义

来自不同资源的元素的合并使设计师可以表达各种各样的想法。设计师可以通过这种方式向观者交流许多想法：例如，在展示相反例子的情况下，一个作品的各种灵感来源，或产品内容的反映。

错视画

错视画是一个图像技术，它让眼睛看到不在那里的东西。设计师可以通过它们的尺度和组成做设计以模仿现实，使观者从远处看图像认为图像是真实的。

抽象概念

抽象概念追求的是去除事物的一些元素或细节，将其简化成为一组基本特征。抽象设计传达关键的信息是一种非常有效而简洁的交流方式。然而，他们简化的可视参照物的领域，可能会妨碍观者对事物的理解，会使它们难以解释。

噪声

噪声指的是在设计中无目的的元素，例如，随机的线、点或奇怪的机理。

客户: RedActive传媒 (RedActive Media)

设计: 理查德·威尔金森 (Richard Milkinson)

设计思想: 像解剖模型一样的样式

EM-PATHY
EXTRO-VERSION
GREED
SOCIA-BILITY
ASSERT-IVENESS
AGREE-ABLENESS
PROBLEM SOLVING
SKILLS
AMBI-TION
FLEXI-BILITY
TEAM WORK
ACHIEVE-MENTS
WORK ETHIC
NEUROTICISM
OPENNESS
EMO-TIONAL INTELLI-GENCE

原型研究

RedActive传媒

这个印刷插画是《人体管理》杂志中为一篇专题文章创作的，它是关于心理测量分析和工作指导方面的内容。由卡罗尔·罗杰森（Carol Rogerson）为艺术指导的这一插画，其风格像一个头部的医学解剖图。设计中展示的建筑体块上的抽象概念，阐明了工作环境中不同的精神方面。其中一些体块被转位或移动，目的是想观者交流这样的一个想法，即不同的精神方面不是一直都彼此和睦相处，人体的管理是一个需要被组织的"拼图"，它包括很多片，只有组织好了，它才能发挥良好的功效。

客户: Futro
设计: Futro
设计思想: 图片和文字的相互
影响构架了讽刺的词汇表

Futro

图为**Futro**在贝尔格雷德的展览中为自己创作的一个线型艺术插画作品。它们是通过图片和文字的互相影响构架而成的有影响力的平面词汇表。设计传达了很深的讽刺意味，这些信息与我们想当然的、发生在醒目的插图中的事情自相矛盾。线型艺术的使用，与其单色的图像，与其朴素的背景和缺乏色调渐变的效果，形成了强烈的反差，创造了一个强有力的图像，它只有基本的细节，集中了观众的注意力。

客户: Futro

设计: Futro

设计思想: 后现代主义词汇表增加了设计的冷幽默

Never sleep:

a) Alone
b) Tonight
c) Again

Futro
e28
©2007 Futro

原型研究

Futro

Futro 为自己创作的海报，具有后现代主义的特征，人们可以通过"斯巴达"、"未装饰"、"无与伦比的设计"识别它。后现代风格增加了设计微妙的幽默感。

如果你的灵感卡住了该怎么办

有时候灵感表现不佳，我们无法实现解决方案。尽管设计得益于灵感的闪现，但更多时候，设计是一个过程，设计师需要探索多个途径，以通向最终的解决方案。

鲍勃·比尔（Bob Gill）在《平面设计：人类的第二种语言》一书中说道："设计是一种组织方式。因此，如果你发现自己处在想法贫瘠的状态中，你可以采用一套逻辑方法。"设计师可以采用很多的方法刺激他们的创意，是他们在设计的问题上获得一个新鲜的角度。第一步你需要认识到，你不是正在产生想法，然后承诺以不同的方法克服这一点。方法的范围可以是出去走一走理清你的思绪，或看看外面的世界正在发生什么，或听听音乐，从不同的情绪或物理角度看待问题，或快速绘制出想法的草图。以下是一些其他的可能性：

走出去　走出去呼吸呼吸新鲜空气，看看街上正在发生什么。注意一下你所看到的色彩、标志和人们的行动。

简化　采用"奥卡姆剃刀"，将任务书（和你的方案）简化成它基本的元素。

重新使用旧有的想法　浏览一下你过去记录在笔记本上的想法，将这些想法加工一下，看看能否满足你的任务书。

改变你的视角　站在凳子上，躺在地板上，靠近，离远，从各种角度看待问题。

随机读一页书　思考一下这一页书说了什么，作者是如何描述的？

戏剧性的改变节奏　快速绘制想法的草图，甚至使你没有时间思考。

询问一个孩子　通过询问一个孩子的意见，以获得新鲜的角度。

休息一下　休息一下或做点不同的事情，也可以再回来，重新处理问题。

倒过来看看它　倒立（或转动你的材料），从不同的角度看看它们。

弄脏　做饭或去做油漆工作，发挥出你的创造力。

改变媒介　如果你正在电脑上工作，那么你就拿上你的铅笔和模型黏土出去走走。

做与竞赛相反的事　看看市场部领导，然后做一点与他们做法相反的事。

回答你自己的问题　写出相关的问题，然后给出答案。

强调你的想法中的瑕疵　识别解决方案中的瑕疵，并寻求特定的解决方案。

和朋友们一起思考　想法在公司里反弹和成长。

开一扇窗　一阵清新的空气可以帮助我们刷新心灵。

更小的思考　专注问题的一个方面，仅此而已。

抽象思考　放弃常规的线性方法，远离主流地带。

放下假设　放下假设，投入于一个全新的空间。

找到连接　在不相关的事物之间建立联系，让它带领你往前走。

听一听新的音乐　随机听一首歌曲，思考一下它的风格和节拍。

观察别人　走出去，看看人们如何行动；他们正在做什么和为什么这样做？

做一些不同的事情　做一些家务事或修理一些东西，目的在于改变视角。

降低你的标准　为工作能够完成寻找一个解决方案，接受不太受欢迎的想法。

原型研究

第二个故事，有智慧的硝基的一部分
新互动式体验的先锋

AIA，创意总监丹尼尔·迈耶斯（Daniel Meyers）和体验设计总监崔西·西姆（Traci Sym）——关于互动技术和西方学院（Occidental College）的全球岔路口。

问：关于技术和互动技术，特别是从设计的角度，是什么刺激着你？

答：对我们而言，设计是关于塑造我们周围的世界，创作丰富的地方和体验，从而增加人们对自己生活的自主权，提升人们的生活品质。互动数字化技术具有巨大的潜力，它作为我们制作的场所和体验的参与者和共同创造者，带给人们前所未有的力量。我们使用这些技术作为手段，邀请使用者平等地进入到设计中。技术可以使场所的体验民主化。

问：为什么在西方学院的装置中，品牌的开发/定位或与人的连接的互动格外重要？

答：全世界的人们理解认为，技术可以赋予他们权力，他们越来越意识到，技术也可以操纵他们。所以消费者，学生，公民——真的是每个人——都要求数字化平台提供的这种代理。像西方学院的全球岔路口这样的装置，是新型平台的物理实例化，它与学术机构相关，也与品牌有关，因为它们都需要提出这样的一种文化，即从根本上转向"数字化思维"的文化。我们特别享受与合作者的合作关系，他们和我们一样，对现实看得很清楚，这是贝尔格斯堡建筑事务所在西方装置的情况。

但是，这些平台不仅仅是个体代理商——他们还使用技术，通过鼓励人们互相接合，建立社交群体。在学校里，技术可以从老练的经验中分离出来，所以我们想要建立一套激发合作和话语的工具。全球岔路口项目通过将物理世界和数字化世界嫁接在一起而做到了这一点，它将网络应用程序和大尺度的媒体墙结合在一起，让人们在公共空间、在田野、在教室参与其中。

原型研究

问：当你设计室内空间时，你觉得交互式元素在多大程度上取代了传统标牌或固定图形？

答：我们对此考虑过很多，因为在我们感兴趣的最强大和身临其境的感觉之中，诱发是一种深沉的安静。有时候，数字化不是一直都擅长安静。当我们转向设计室内空间的环境平面元素的时候，我们从情感与感官目标入手，根据需要选择适当的视觉媒体。人们越来越频繁地使用数字化画布，但是固定图形将永远是沉浸式场所制作的关键因素。

问：将交互技术结合到设计解决方案中的关键考虑因素是什么？

答：我们问自己的第一个问题是"为什么？"。你正在谱写的互动中不可还原的那部分是什么？有没有更简单的方式达成你的目标？数字化技术非常年轻，非常昂贵。它必须用深入思考的方式，组成优雅而全面的体验。

《第二个故事》（Second Story）作为SapientNitro的一部分，是创意的中心，它将品牌和机构跨数字化渠道交互式的讲故事方式向前又推进了一步，使观众能够建立相互的连接和共享。

下图是从全球岔路口的网页应用程序上截取的页面，应用程序中的内容出现在本书前页展示的全球岔路口媒体墙上。

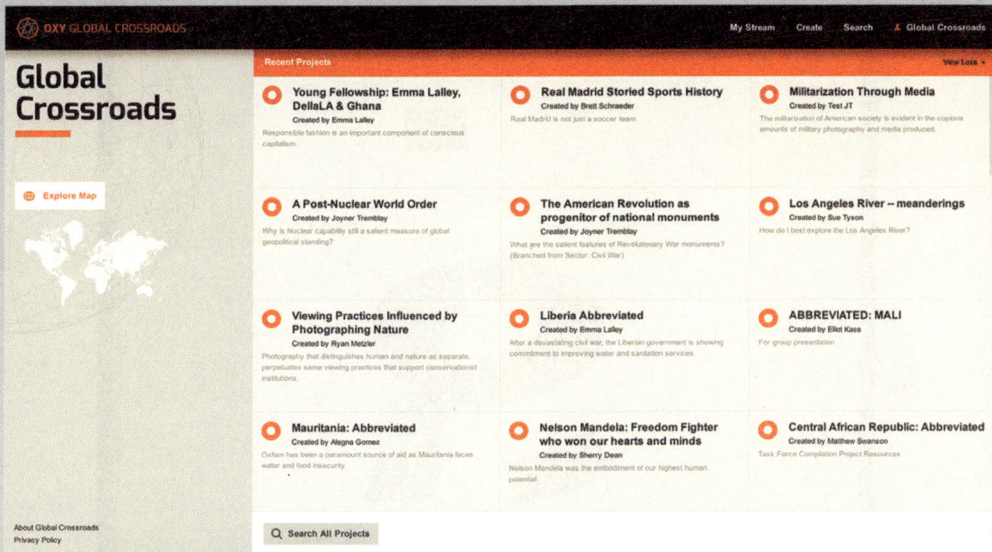

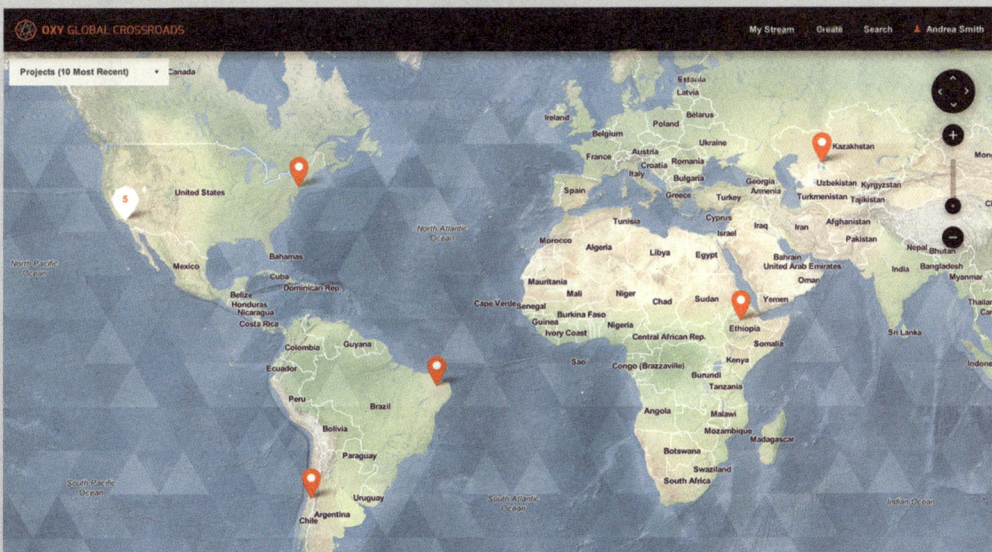

客户: Mucho & AIGA San Francisco
设计: 目的工作室 (Purpose)
设计思想: 被撕毁的参考城市 (Torn sheets reference city)

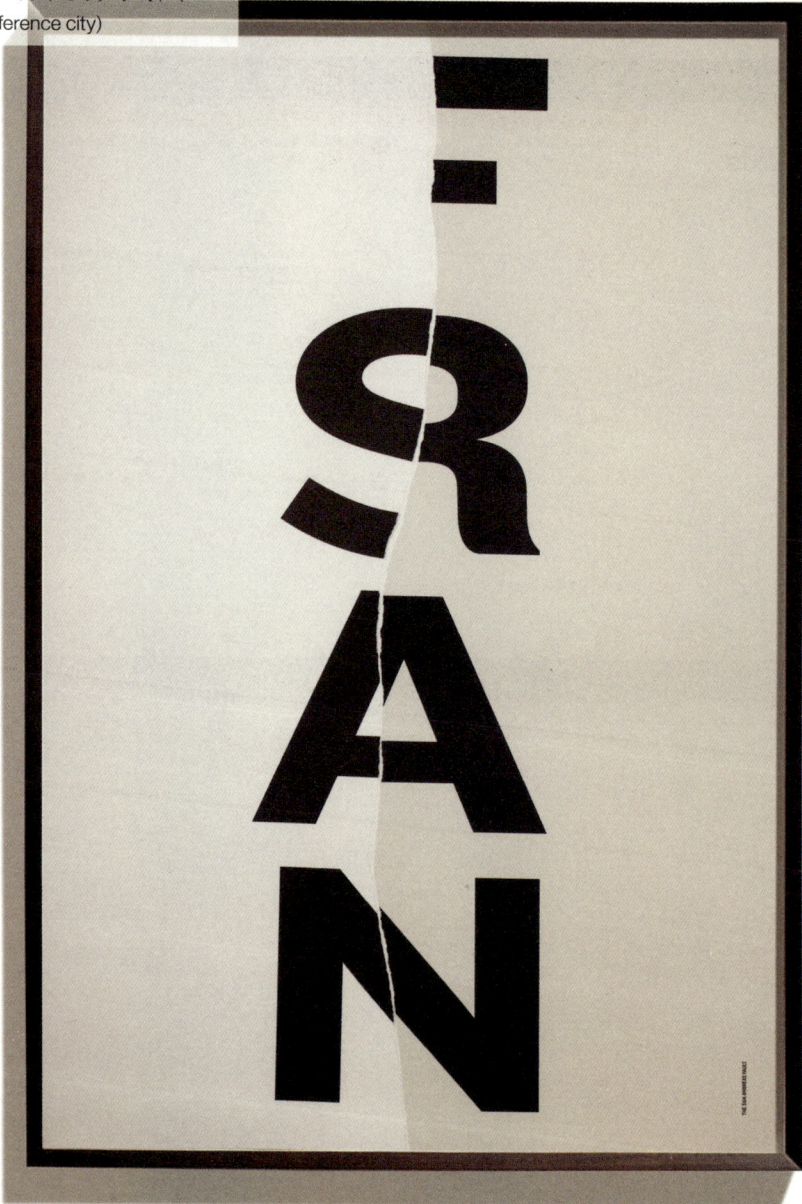

第六章

实施

一旦设计被选定，设计师就需要对其进行实施或生产。这个阶段是实现设计工作，并将其完成和交付于甲方的阶段。实施是设计过程的最后一步，其中包括物理上的实现许多以前采取的设计决策，例如材料的版式、尺度和媒体的使用。然而，这一章节讨论的不是制作的指导，而是将为读者提供，在物理生产期间，落实设计的各种物理方面的工作其背后的设计思想的概述。

实施的过程必须确保设计师与客户签订的设计能够按照预期生成，毫无疑问。记住，这个阶段最重要的事情是，设计团队把设计交给别的实践者，例如印刷工，图书装订工和程序员。设计团队将设计思想有效地传达给设计所对应的行业从业者，是至关重要的，这样才能使设计达到预期的结果。

实施阶段实现的设计细节，已在定义阶段出现，在构思阶段得以定义和改进，可能也在原型的构建阶段试验和更加清晰。然而，随着设计经过了整个设计的全过程过程，可能由于预算或时间量程，格式或打印的改变，所有与实施相关的方面可能也都得到了修改并完善。

由里而外SF（InsideOut SF）

图为目的工作室为Mucho和AIGA旧金山的一个名为由里而外SF的展览创作的海报，其特点是将"San Fran"一词呈现在对齐撕裂的两张字母纸上，这个手法灵感来源于活动所在城市——圣·安地列斯断层。

图为本书前页的例子中展示的"San Fran
（旧金山）"海报的撕裂细节。

版式

版式选择是实施阶段的首要方面。

设计师有一系列标准格式可以选择。例如，使用较多的是ISO纸张尺寸，而且这种纸张非常普及。人们习惯于在杂志和报纸、信笺和书籍上使用和接收这种标准版式。

标准版式的广泛使用并不意味着设计就这样人云亦云地被限制。非标准和定制的版式为设计师的设计从其竞争对手中脱颖而出提供了充分的机会。例如，制作一本小书或一张大的名片，可以取得惊人的效果。例如，为一个设计摩天大楼的建筑公司制作一个细长的版式文本，可以告诉读者，他制造的是细高的建筑物。面包师可以使用与一块面包具有相似尺寸的版式，建造师可以使用与砖相似的尺寸，等等。使用不同的版式可以帮助公司远离竞争对手，这可以证明设计涉及的任何额外成本都是正当的。

威根小剧院（**Wigan Little Theatre**）（**对页**）
《知名的小事》一书是马克工作室（**Mark　Studio**）为威根小剧院制作的，它包含了一系列体现趣味感和组织的机智的关键声明。小型的图书版式隐喻了剧场名字，它使信息可管理，也有娱乐性和参与感。

Wigan Little
Theatre
continues
to be run
entirely by
volunteers

客户：威根小剧院 (Wigan
Little Theatre)
设计：马克工作室 (Mark
Studio)
设计思想：小版式的书隐喻
了剧院的名字

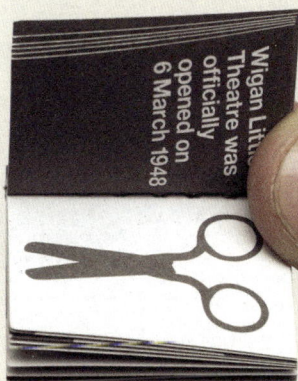

In 1948
the most
into the local
cinema

Wigan Little
Theatre was
officially
opened on
6 March 1948

Lighting,
sound
and film
projection
facilities
are based
in the attic
above
the stage

Productions
of Twelfth
Night and
Macbeth
provided early
inspiration for
a young Sir
Ian McKellen

The entire
stage area
is only 540
square feet

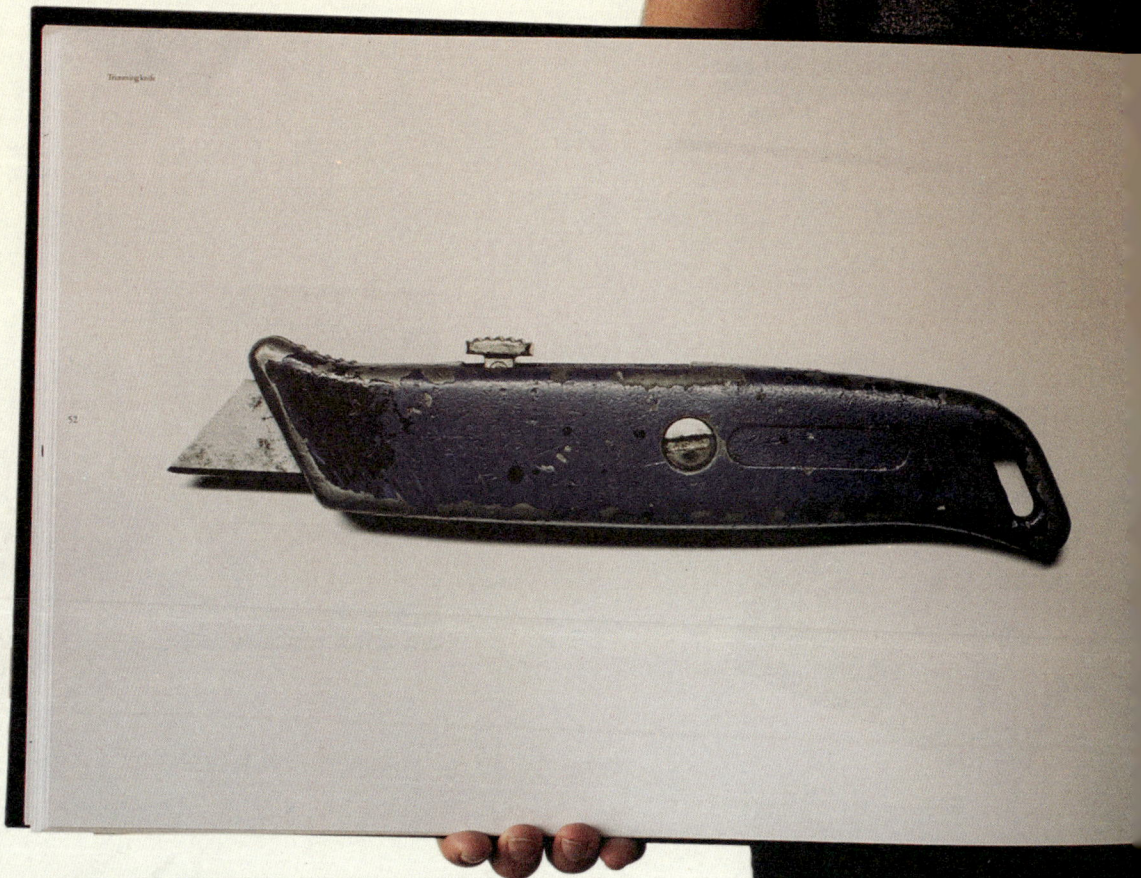

Trimming knife

52

一把椅子的解剖学

图为加文·安布罗斯为弗莱明（Fleming）与豪兰
（Howland）创作，由塞维尔·杨（Xavier　Young）
拍摄的一本超大尺寸的图书中的内容，其特点用大尺
度的方式，采用传统技术，展示了一把椅子结构的故
事。照片拍摄于制造商的工作坊，以赞美平凡的美，
这个过程还展示出出版物全然不同的大小和重量。

客户: 弗莱明与豪兰
设计: 加文·安布罗斯
设计思想: 用超大的尺寸赞美手工艺的美

材料

实施阶段的第二个决定因素是考虑制作过程中将要使用的材料。设计师有非常广泛的材料和基底种类可以使用，其中包括印刷、冲压、雕刻、铭刻、切割或绘制图像。

在如此广泛的基底可以选择的情况下，设计师没有理由在使用纸张方面受到局限。设计不一定制作在纸上，这意味着，设计师可以通过使用一些不同的东西给设计或信息加分。

不同的材料具有不同的触觉质感，这种触感可以通过设计来控制，并由接受者去感受。采用一些替代的材料可以为设计增加独特的质量，人们可能会因此对其印象更加深刻，也或者使其成为更加华丽的项目。例如，纺织品制造商可以利用布料作为文本的基底以代替纸张。这个基底可以用于打印或刺绣。此外，金属制造者可以利用冲切、激光切割、磨光、打印或盖章的方式使用金属。

不同的材料的使用可能也增加了设计产品的寿命。纸张太容易被人丢弃，但是人们会保留用乙酸盐、金属或木材制作的东西，甚至将其用于展示。

采用较高水平的材料作为设计概念的一部分的这一设计思想，通常在构思阶段就确定了，在这种情况下，材料是基本的设计元素。然而，在实施阶段，使用新材料可能也会带来额外的挑战：例如，更高的制作开销和不同的时间量程。

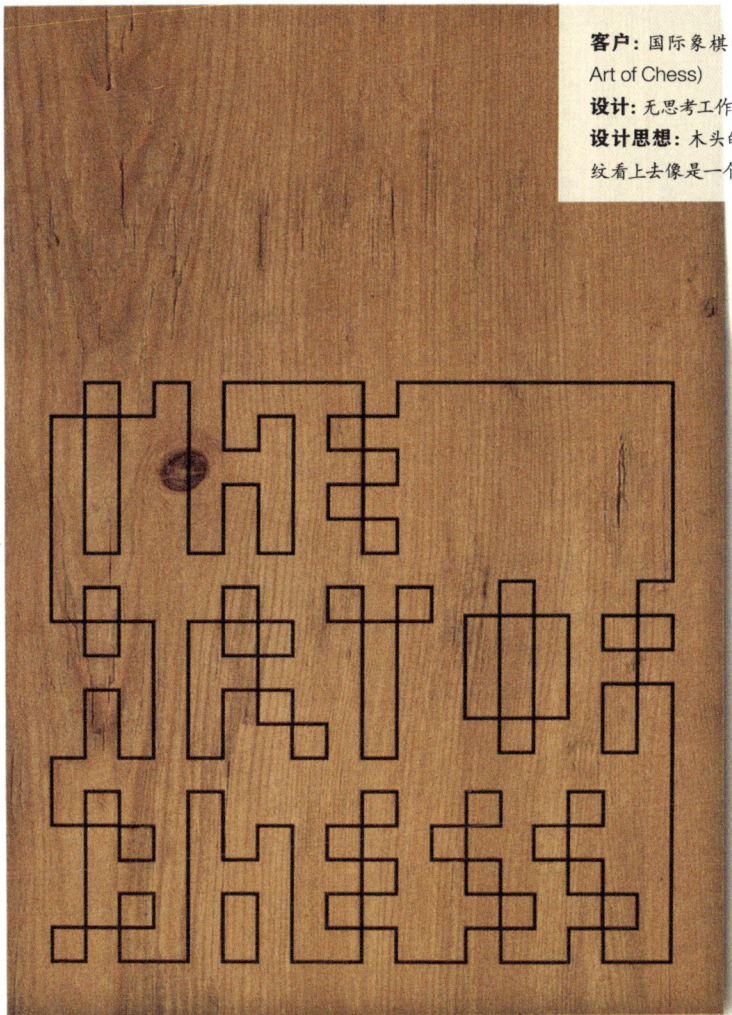

客户: 国际象棋的艺术 (The Art of Chess)

设计: 无思考工作室

设计思想: 木头的一面上的花纹看上去像是一个棋盘

实施

国际象棋的艺术

国际象棋艺术展是由英国艺术家达明·赫斯特（Damien Hirst）和查普曼兄弟（Chapman Brothers）创作的。展览的邀请函是由无思考工作室创作的，该设计结合了众多国际象棋相关的主题，其中包括创作象棋棋盘的材料。木材表面看起来和感觉起来都很像一个棋盘贴面，同时，背面的实心棕色印花模仿了棋盘的毛毡衬里。邀请函还基于棋盘网格设计了块状的抽象字体。

客户：杰斐逊·希尔德建筑事务所
(Jefferson Sheard Architects)
设计：彼得和保罗 (Peter and Paul)
设计思想：不同的模型材料为客户提供
了感光的变化

杰斐逊·希尔德建筑事务所

这个设计是由彼得和保罗为杰斐逊·希尔德建筑事务所的品牌设计（JSA）而创作的。它以材料清晰的使用为特色，新的logo是从Galt玩具的锁定形状获得的灵感，创作了类似建筑的平面和创意的三维Logo。设计团队使用铝、木头和有机玻璃这三种材料做了三个logo模型，所有材料都提供了不同的感光变化，同时设计师也为客户保留了每种材料的平面装置。左下图是最终的二维logo，其中的字母是基于三维logo作品发展的形状。

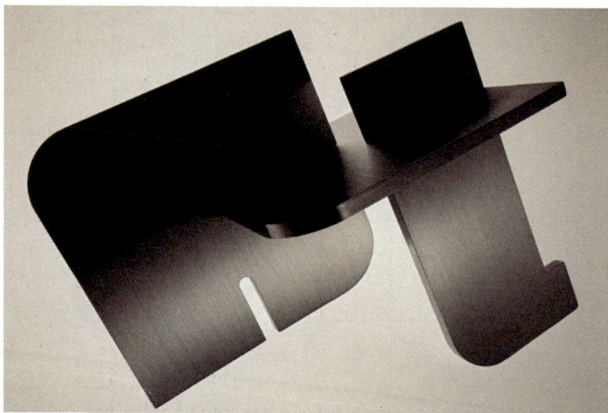

Jefferson
Sheard
Architects

客户：监护人新闻与媒体 (Guardian News)

设计：卡特里奇·莱文 (Cartidge Levene)

设计思想：标示使用了各种材料和彩色编码，以创作视觉效果。

监护人新闻与媒体

这些摄影作品展示了卡特里奇·莱文为新办公室创建的一个新的视觉识别的寻路和环境图像。在办公室和会议室的玻璃幕墙上的图形处理为开放的平面带来了活力，设计师从苏格兰1921年的一篇著名的论文《一百年》（记录纸张百年历史的书）中找到了对应的词汇。词汇表达了"多个意见"的意思，当滑动门相对于静态玻璃面板打开的时候，会产生分层的效果。主入口的材料的使用，包括了安装在杆上可以推来推去的独立式的三维字母，它根据视点的变化创造了一个视觉效果，但在接近建筑物看时，你会发现其实它们是完美对齐的。

完成

设计师可以用许多不同的方式完成用于制作设计的材料，这是实施阶段的第三个元素。

尽管这一步主要说的是印刷完成，数字化设计也有需要完成的方面，它可能包括：动画，声音、介绍屏幕和交付机制。

需要考虑的技术

完成阶段包括印刷表面装饰过程的各种考虑因素，其中包括折叠、模切、箔阻塞、上漆、压花、凹陷和一系列其他可能性，例如本书以下几页中展示的标识。

印刷表面装饰可用的技术范围之广，给设计师提供了许多选择和许多灵活性，为了使设计更有吸引力，从其他的作品中脱颖而出，更有效率、更精确的交流信息而增加各种元素。

即使有很广泛的表面装饰技术可以使用，任何被选的技术都必须与设计目的有关，必须用于支持和增强要传达的设计信息。在设计进程的一开始，设计师就需要考虑到设计表面装饰技术可能会增加印刷工作的额外花销，因此在设计之初就需要为其作出预算。

设计师应该在构思阶段或可能在原型制作的阶段就考虑印刷表面装饰的元素，但是当设计已经被选定和打印出来之后，就不要再往设计中增加元素了。

D&AD（对页）

这个为D&AD奖项做的邀请函，它通过对打印表面装饰的创意使用，即通过黑色箔块在无光泽的黑色的纸面上的展示，打造了低调和时尚的风格。

客户: D&AD

设计: 布罗迪联盟 (Brody Associates)

设计思想: 黑色箔块在无光泽的黑色的纸面的展示，打造了低调和时尚的风格

实施

印刷表面装饰技术

镶边	是一个收集和安全的装订好打印作品的页面，以形成出版物的过程
凹陷	将设计冲压到基底，以产生锯齿状的表面
手工制纸的毛边	来自造纸机的纸张的不均匀边缘
冲切	使用钢模具装饰性地切割坯料
扉页	将文本块固定到封面装订的封面板的页面
铝箔封锁	通过加热的模具，将有色箔塑封到基底上
折叠	通过平行和垂直的折叠将印刷纸张变成更紧凑的形式或印贴
前缘打印	在出版物的前缘打印
压花	将设计冲压到基底中，以产生凸起的表面
穿孔	基底被冲切削弱的区域，可以完全被分离，或者用于装饰效果
丝网印刷术	一种印刷方式，油墨通过承载设计的丝网落在基底上
热成像	通过在烘箱中将热敏成像粉末熔合到基底上而产生凸起字样
废品	一张纸被折叠，并将其绑定到一个更大尺度的出版物上
倾斜	沿着装订边缘胶合的书或杂志中的插入物
上漆	无色基底涂层，以保护和增强视觉外观

玉米交流画廊（Corn Exchange Gallery）（对页）

这个系列海报是由海军蓝（Navyblue）创作的，以推广伦敦玉米交流画廊的展览。注意在案例右下方使用的压花。同时注意它们是标准的版式和印刷字体的风格，设计表面装饰元素为这一系列海报建立了一种连续性，同时向受众推广了展览多样化的主题。

Ja... Ryan
Parallax
Private View
Thursday 5th June
6pm - 8.30pm

RSVP
caroline@cornexchangegallery.com
0131 561 7300

CORN
EXCHANGE
GALLERY

Constitution Street
Edinburgh EH6 7BS
t +44 (0)131 561 7300
f +44 (0)131 555 0707

www.cornexchangegallery.com

A new home for emerging artists

Florencia Dura...
Light Actions
Private View
Thursday 2nd ...
6pm - 8.30pm

RSVP
caroline@cornexchangegallery.com
0131 561 7300

CORN
EXCHANGE
GALLERY

Constitution Street
Edinburgh EH6 7BS
t +44 (0)131 561 7300
f +44 (0)131 555 0707

www.cornexchangegallery.com

A new home for emerging artists

客户: 玉米交换画廊 (Corn Exchange Gallery)
设计: 海军蓝 (Navyblue)
设计思想: 标准布局和排版的装饰和使用,为系列海报建立了连续性

Sue
Spark
Confection
Private View
Thursday 5th October
6pm - 8.30pm

RSVP
caroline@cornexchangegallery.com
0131 561 7300

CORN
EXCHANGE
GALLERY

Constitution Street
Edinburgh EH6 7BS
t +44 (0)131 561 7300
f +44 (0)131 555 0707

www.cornexchangegallery.com

A new home for emerging artists

Michael Zancky
Gregory Chatonsky
Michael Rees

Scales

Private View
Thursday 30th October
6pm - 8.30pm

RSVP
caroline@cornexchangegallery.com
0131 561 7300

CORN
EXCHANGE
GALLERY

Constitution Street
Edinburgh EH6 7BS
t +44 (0)131 561 7300
f +44 (0)131 555 0707

www.cornexchangegallery.com

实施

媒体

用于实施设计的媒体类型在设计过程的早期就被确定了，但是，在设计实施的过程中，媒体的选择可能会提出不同的考虑。

技术的优势意味着设计师有大量的媒体可以采用，特别是数字化媒体一直在不断地增加。新媒体展示了设计思想的新的可能性和新的挑战。

在数字化时代里，设计师和他们的客户拥抱了一个新兴的媒体流，这个媒体流不仅仅是创建一个网页这么简单的事情。脸书、微博、博客、移动电话和黑莓各个都对设计的展示方式有不同的要求。不同媒体的功能性为设计师提供了机会，以扩展他们传统之外的设计功能，从而包含设计与用户之间的互动关系。

传统印刷媒体的惯例不总适用于数字媒体。这取决于它们的交互水平以及用户选择他们想要接收和组织内容的能力。

设计越来越广泛地被传统媒体和新媒体使用，虽然某些设计参数和功能改变了，但是设计师仍然需要实现跨越不同平台表达特定信息的目标，从而使设计思维保持一致性。

第四频道（Channel 4）（对页）
这些定格照是为纪录片频道第四频道设计的，它们取自一个动画预告片《看不见的加沙》。越来越多的设计工作室为预告片、标识和网站制作动画标题，因为技术变革使这种媒体的生产成为其核心技能集的一部分。

客户: 第四频道 (Channel 4)

设 计: 为什么不联合工作室 (Why Not Associates)

设计思想: 将设计师的核心技术转移到新媒体之中,使新媒体有了令人兴奋的新设计

Tonight 11.05pm
Dispatches:
Unseen Gaza

channel4.com/dispatches

Tonight 11.05pm
Dispatches:
Unseen Gaza

channel4.com/dispatches

实施

尺度

实施阶段也需要考虑尺度：挑战关于尺寸先入为主的想法，可以产生引人注目的解决方案。例如，图书设计需要特定的尺寸吗？

设计思想应该挑战人们对尺寸的假设，目的在于逃离他们默认的限制和制约。

敢往大尺度想

为了产生具有巨大影响力的视觉元素，设计师要敢于往大尺度想。用大尺度的设计还意味着设计师要克服某些话题在把握或展示方面的心理或概念上的限制，有时候这些话题会跨越不同的领域。

大尺度可能还会涉及推动现有行业的边界，或对公认的规范的挑战。这种做法将艺术带到了一些全新的方向，即使评论家经常用商业成功与否来贬低创造性的成就。

敢往小想

往小想，用缩小的规模来制作作品，以挑战感知，并为大家提供一种意想不到的东西，需要设计师作出有意识的努力。在生活的许多方面，小尺度似乎是违反直觉的，我们常常要求更多或希望用更大的图片来表达我们的想法。因为在小的格式中，有限的可用空间非常少，小尺度暗示着设计师需要对内容进行更严格的把控。

客户：波普景观有限公司和车棚地面维护有限公司 (Pople Landscapes Ltd and Shed Grounds)

设计：彼得和保罗 (Peter and Paul)

设计思想：创造性地使用了反映企业业务的版式

Mark Walters
Contracts Manager
Mob. 07971 517 046

West Handley Nursery
Main Road, West Handley
Sheffield S21 5RZ

Tel. 01246 430 784
Fax. 01246 435 231
Email. mark@poplelandscapes.co.uk

popleandshed.co.uk

Pople
Landscapes

Shed
Grounds
Maintenance

**Commercial Grounds
Maintenance Contractors**
Please call for a quote, or email:
peter.botham@shedgrounds.co.uk

West Handley Nursery
Main Road, West Handley
Sheffield S21 5RZ

Tel. 01246 430 784
Fax. 01246 435 231

popleandshed.co.uk

实施

波普景观

图为彼得和保罗为波普景观有限公司和车棚地面维护有限公司创作的名片。卡片的版式表现了业务的两面性。波普的一面设计的像一个植物识别标签，另一面的车棚像一个花园棚。这个例子展示了名片的小尺度的设计也能做得非常有趣、有参与感以及非常诙谐。

系列 / 连续性

设计团队需要考虑这份工作是一个独立的作品还是一个系列的一部分。设计很少孤立地进行，设计概念经常通过不同的媒体和同一媒体内的不同项目推出。

视觉标识和logo将出现在不同的地方——公司服装上、标牌上、网站上以及对外通信中等。如果设计形成了系列作品的一部分，在实施阶段，设计师需要考虑作品如何与较早期或后续的版本保持连续性。

特别是设计师处理例如体育、音乐、电影或著名的人物等主题的作品时，连续性可以增加特定作品的可收集性。实施阶段一方面创造了作品的价值，又能提升其收藏性。

设计师还可以通过连续性保持设计工作和客户之间的持续关系。随着时间的推移，连续性会造就许多工作。这种持续性，可以让设计团队经过一段时间的磨合之后，对产品或品牌的客户和开发的具有更深层次的理解。这样一来，如果设计团队再接手该产品或品牌的工作，他们就知道如何保持和保护其中的设计关键元素，并确保其实施的一致性。

客户: GWD媒体 (GWD Media)
设计: 彼得和保罗
设计思想: 将每个员工的特征抽象成个性化的图像, 但是又保持了整体标识的连续性

实施

GWD媒体

图为皮特与保罗为技术媒体公司GWD媒体的标识创作的一系列标志。标识传达着这样一种想法，即技术公司的员工都是极客。标志上有一个象征性的符号，该符号是一个基于字母"g"的受限制的字体，它是GWD媒体的首字母，也是单词极客的首字母，设计师将该字母旋转了一下方向，放在了一个极客的脸上。每个图像都是由GWD媒体的员工创作的，因此带有个体身份的个性。结果非常有效，特别抢眼和个性，但是总体又保持了连续的标识感。

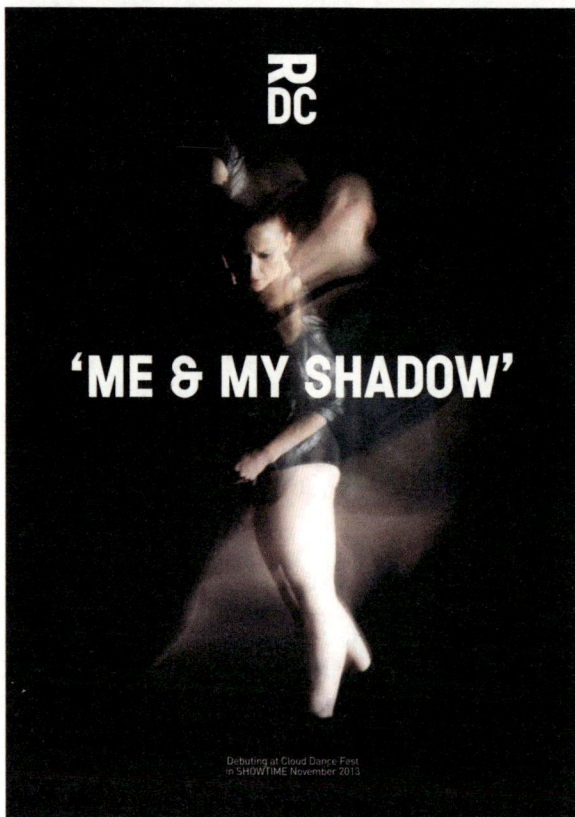

RDC（卢瑟福舞蹈公司）（Rutherford Dance Company）

图为规划单元工作室为卢瑟福舞蹈公司创作的一系列海报，其中在黑色的背景下放置的图片和风格以及白色的字体，形成了鲜明对比，这一总体风格贯穿了所有的海报。

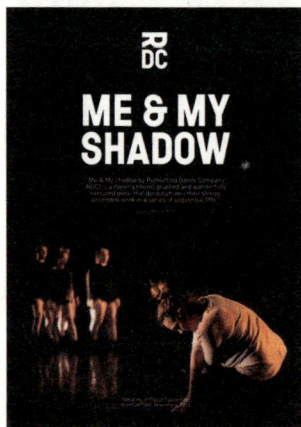

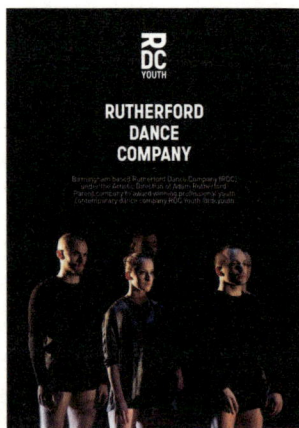

RDC

客户：卢瑟福舞蹈公司（RDC，Rutherford Dance Company）
设计：规划单元工作室（Planning Unit）
设计思想：通过设计风格和图像的使用创造了海报的连续性

Rutherford Dance Company Dancers

THEO SAMSWORTH
LAURA VANHULLE
JOHAL LLOYD
PATSY BROWN-HOPE
REBECCA NAMGAUDS
JOHNNY AUTIN

实施

设计就是玩耍：系统开发

后面几页中的图片是为Extole公司的品牌发展开发的一个设计系统。

设计就是玩耍工作室，没有辜负它的名字，从附属品到网页，再到室内办公空间，它为Extole带来了有趣和独特的设计特征的解决方案。解决方案采用插画的设计形式，为人们创造了一个放松的工作环境，使人们在工作的交流中保持良好的状态，例如花时间倾听客户的诉求，在生活中保持清醒的节奏。

问：《设计就是玩耍》这个名字是从哪来的？它是如何体现在你的工作方式中的？

答："玩耍"可以理解为，在一个规定空间中自由移动。它还可以被理解为，在一个特别的问题范围内自由思考。

我们工作室的这个名字是这两个理解的结合，即当我们把双方的偏好紧密联结在一起，每一方的偏好都能达到最有效的结果。从我们的角度来看，当设计成功地平衡了结构和流动性，逻辑和情感，它就是有趣的。

设计师可以通过保留设计过程中的手工感，或通过利用生产方法的不完美（例如凸版印刷），来实现这种游戏的感觉。

设计就是玩耍工作室是由马克·福克斯（Mark Fox）和安吉·王（Angie Wang）在旧金山领导的一个设计代理公司。
www.designisplay.com

问：好玩对你的设计实践做出了怎样重要的贡献？你是如何鼓励和刺激你的员工做到这一点的？

答：我们的设计方法天生就很俏皮。我们定期使用的策略有三个：打破已知的模式以超越期望；创造不逊或荒诞的并置，但这种不逊与荒诞并不是毫无意义的；用令人惊奇的方式使用消极空间。

我们是一个两人组合的设计工作室，所以我们非常容易鼓励我们的"员工"！

问：在Extole项目上，你是怎么想到用动物主题的？

答：Extole是一个旧金山的推荐营销公司，专门为其客户获得新客户。他们以前的商标很难被人记住，他们的网站依赖于惯用茫然而快乐的人的摄影作品。在他们的产品的复杂性和图像的一般性质之间存在着一个断层。

正如我们经常对我们的学生说的，"文字主义是一个陷阱"，我们对Extole的重设计的工作方法绝对是非文字性的。

葛瑞格·克拉克（Greg Clarke）是洛杉矶的一名插画师，他热爱拟人化的动物。（他也是我们的好朋友。）葛瑞格的作品非常独特，非常图形化，也非常迷人，他即刻为Extole创造了一个毫无疑问的"模样"。具有讽刺意味的是，设计师为这些穿着衣服的动物们绘制了他们的日常业务，使这个数据驱动型的企业变得人性化，赋予个性。

问：你如何能够判断例如Extole这样的一个设计项目可以获得成功？

答：众所周知，设计的成功或价值是非常难衡量的，特别是当它涉及诸如"形象"或"信誉"之类无形的质量的时候。如此看来，我们对Extole最伟大的贡献是协助公司在其发展的关键时刻，为他们的员工建立了一种社区感。

Extole的CEO马特·罗氏（Matt Roche）说，我们的方式："很有争议。我们处在一个巨大的转折处，最重要的部分是组织的文化和内聚力。'团队'这个概念对我们来说非常有价值。设计对此会有很大的帮助。"

马特继续注意到，动物已经被Extole的员工"接纳了"，在任何一个工作日，"几乎公司一半的人都穿着新logo的连帽衫。"

练习

　　该章节的特点是通过平面设计专业的学生创作的一些作品，处理了各种不同的任务书。这些实例都非常令人耳目一新，发人深省，展示了设计的创意。

移民在欧洲

左页的图为学生理查德·库恩（Richard Kuin）为欧洲委员会（European Commission）起草的一份关于移民对欧洲经济作出的贡献方面的任务书的处理。

任务书1：欧洲移民

这个任务书最初是由欧洲委员会为在欧洲和克罗地亚登记的艺术、平面设计和通信院校的学生起草的。

任务书

移民是一个困难的话题，尽管它有助于社会的多样性，并起到丰富和振奋社会的作用。移民会为社会带来经济的活力、创业的实践、新的想法，还能创造就业。通过提供在欧洲不太容易找到的劳动力和技能，通过工作、赚钱、花钱和缴税、通过监理公司和创造就业，通过使用他人提供的服务和购买产品，移民为欧洲的经济作出了巨大的贡献。制作关于欧洲移民的海报，摄影作品或视频。

图为2013年荷兰的威廉·德·昆宁学院（Willem de Kooning Academie）的理查德·库恩（Richard Kuin）创作的海报，他的导师是Wout De Vringer。库恩的概念质疑和重新解释了文化的建构，即，当移民带着他们的文化进入到一个欧盟国家的时候，这个国家是否具有它自己独特的文化。库恩展示的图标指的是来自移民文化的肌理装扮了欧洲文化，形成了鲜明的对比。

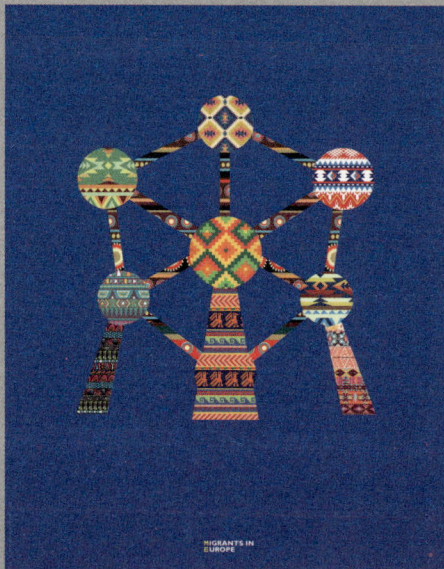

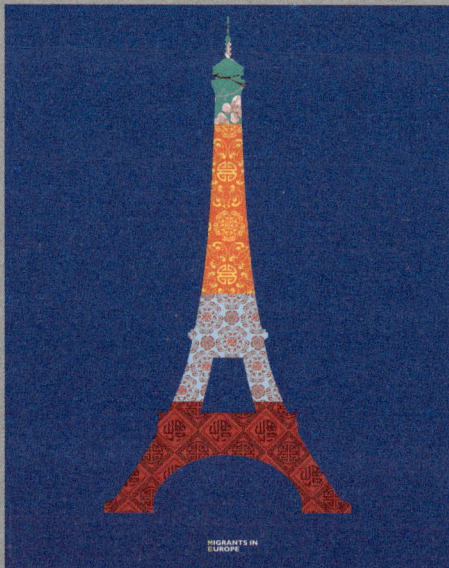

MIGRANTS IN
EUROPE

任务书2：海雀儿童图书

2010年，儿童书籍的领导品牌海雀图书庆祝其70周年。一本新书的封面竞赛正式启动。

任务书

为S.E.欣顿（Hinton）1967年经典图书《旁观者》（The Outsiders）设计一个新封面，将其介绍给新一代的青少年读者，通过富有想象力的概念，清晰地确定图书的目标读者为青少年。该设计需要是一个B格式的纸张，198毫米（8英寸）高×129毫米（5英寸）宽，书脊17毫米（5/8英寸）宽。

图为设计专业学生特里·亚伯拉罕（Tree Abraham）创作的封面插画，该插画传达了沾满血迹的大红色背景的街头感觉。青少年的异化在标题结构中得以传达，即将"局内者"涂鸦成了"局外者"。

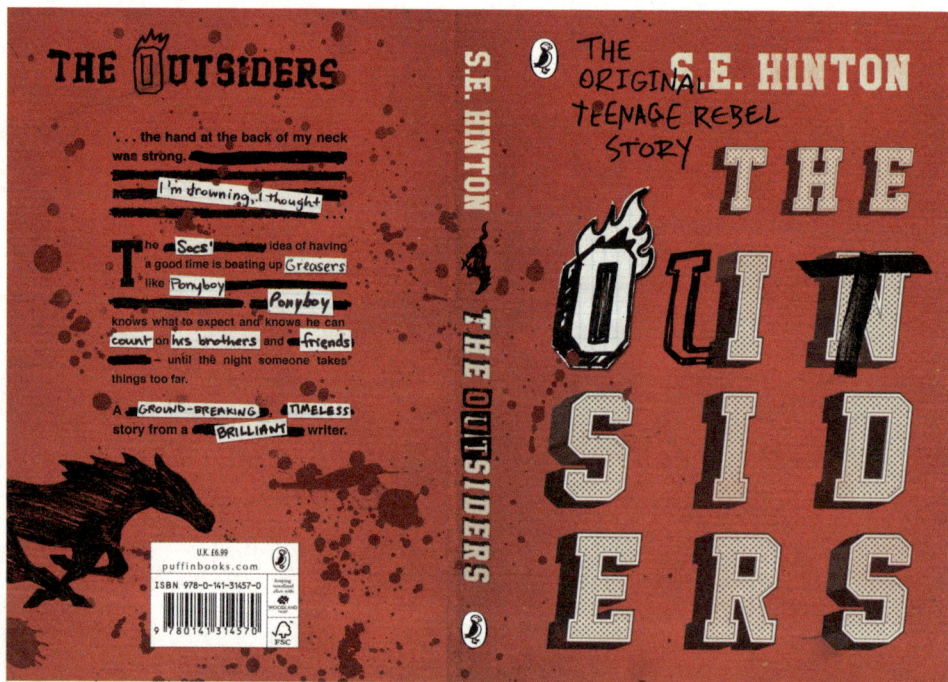

任务书3：反应海报的项目

2014年布雷达的平面设计艺术节（Graphic Design Festival）确立了一个非常开放的项目。

任务书3

设计一个海报，将你看到的大尺度或小尺度的变化视觉化。

图为两名来自布莱顿大学（University of Brighton）的学生，插画专业学生斯蒂芬妮·霍普（Stephanie Hope）和平面设计专业学生亨里克·约尔特·奥斯特德（Henrik Hjorth Austad）共同创作的一个参赛作品，他们探索了恐惧和媒体入侵的概念，通过大写字母F与背景的融合和部分的隐藏，对其概念进行了描述。

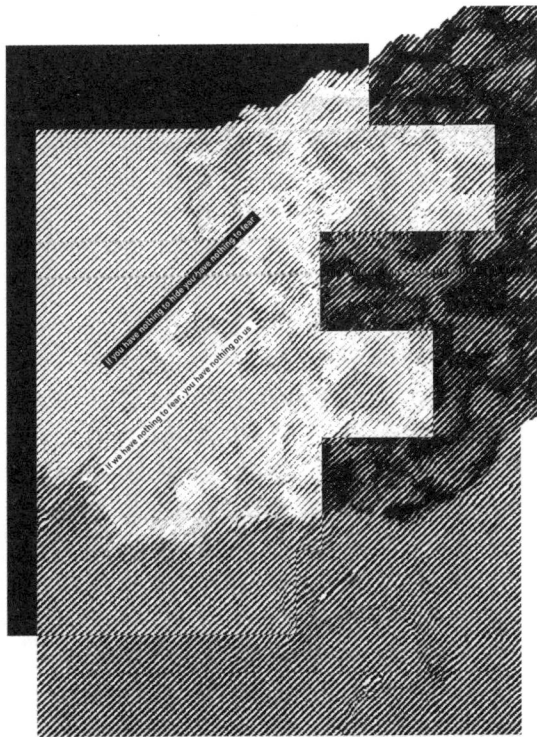

练习

任务书4：印刷上的卓越

国际印刷设计师协会（The International Society of Typographic Designers，简称ISTD）每年会起草一系列任务书，鼓励和促进印刷界的卓越成就。

任务书

开发一个考虑到我们21世纪的阅读方式的社论设计项目。选择一个适合你的话题和目标市场的格式，不论它是一个高质量的印刷品，一个基于屏幕的阐释，还是各种媒体的结合体。请考虑当前出版业的发展。

《阅读》是一本书，它是由朴茨茅斯大学（University of Partsmouth）平面设计毕业生萨姆·巴克莱（Sam Barclay）创作的。其目的是用一种不同的排版展示方式，通过生活中的一个小趣味的故事的展示，说明有阅读障碍的人是如何阅读的。

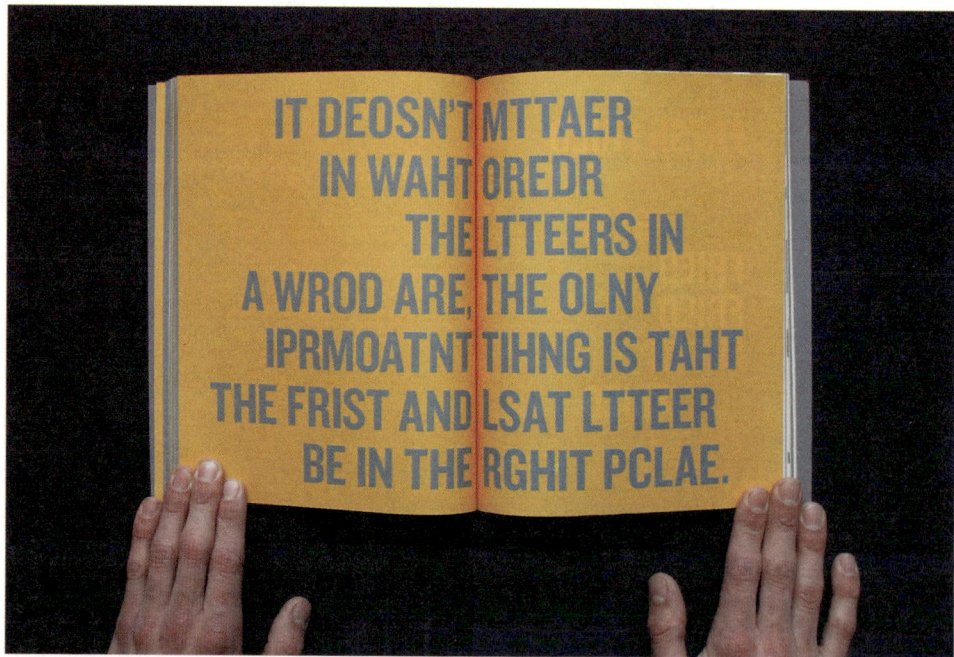

WEE REED IN VAIREE
DIFRINT WAEZ FRUM HOU
WEE SEE WERDZ.
THIS KEN HAV AN EFFEKT
AAN PEEPOOL THAT FIEND
REEDEENG DIFIKULT.

这些图片来自于《阅读》一书，它尝试展示有阅读障碍的人在阅读的时候面临的一些困难。图中（对页左图）是一段文字，它演示了有阅读障碍的人是如何在他们书写的时候颠倒字母顺序的。它传达了这样一个信息，即一旦一个单词的首尾字母处在正确的位置，对于阅读障碍的读者而言，字母顺序不是一个重要的问题。图中（上图）展示了一个更加激进的解释。这个作品通过使用更加拼音化的单词构建的词组，传递了这样一种信息，即人们看词汇的方式与他们阅读词汇的方式不同，这对于有阅读困难的人来说，是一个很大的问题。

任务书5：协作消费

RSA学生设计奖（RSA Student Design Awards）通过设计思想，挑战新兴设计师，处理紧迫的社会问题、环境问题和经济问题。

任务书

设计一个更好用或更有用的产品或服务，让更多人使用它，从而使分享变得更加有吸引力，更加可行。

乔舒亚·迪恩（Joshua Dean）是金士顿大学（Kingston University）的一名学生，他是2014年帕特丽夏·廷得乐遗产奖（Patricia Tindale Legacy Award）的联合获奖者，他的作品是通过图书馆分享闲置商品：这个服务让人们可以从他们的地方图书馆借到一些很少使用的产品，在这个过程中，它振兴了相关的图书馆，使其回归成了一个有价值的公共服务场所。迪恩还创作了一些图像，提出了适宜当下的问题，即有些东西人们拥有很长时间，但他们却几乎很少使用它们，即便使用，也就只是简单地使用一下而已，那么，人们为什么还需要买这样的东西，例如钻孔机或帐篷。

这一页中的图像是乔舒亚·迪恩的获奖项目，它服务于双重目的，一方面是促进图书馆的业务，另一方面提供了一个环保的、购买很少使用的物品的替代方式。

You can now borrow and rent tools, toys & sports equipment from your local library.

Address: Fairfield Road,
Kingston upon Thames,
KT1 2PS

Tel: 020 8547 5006
Email: kingston.library@rbk.kingston.gov.uk

View the inventory online.
www.kingston.gov.uk/inventory

Royal Kingston

任务书6：印刷处理

国际印刷设计师协会每年确立一系列任务书，鼓励和促进印刷方面卓越的作品。

任务书

从每个Monotype的新的和经典的版本的选择中，设计一个样本，该样本至少要展示一个字体家族。这个样本可以使用从印刷纸张到演出，或从数字化到环境的任何媒介。强调Monotype丰富的历史，让你的观众用新的、令人兴奋的方式参与其中。使用任何你认为合适的方法和媒体，有效地表达你的方案，但是要包括具有信息层次的、详细排版的文本内容。

卡米尔拉帕姆弗洛雷斯制作了一本书，其中包括结合了不同的印花修饰技术的各种不同类型的印刷处理，并使用了Monotype's Egyptian slate和Trade Gothic Next字体。以下的页面中展示了包括剪切块、插页、提示、半透明设备和删除线的技术是如何帮助放大字体以及如何影响使用方式的。

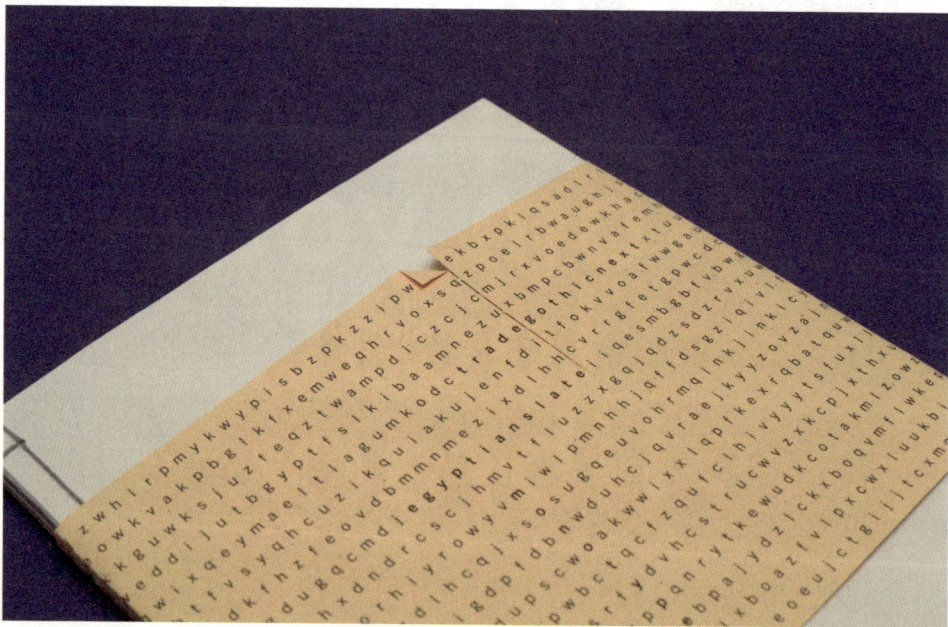

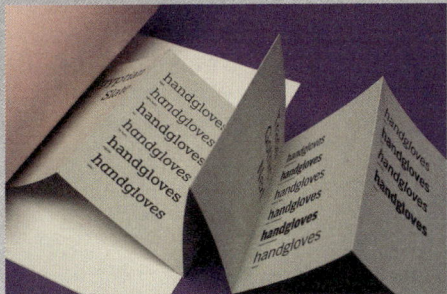

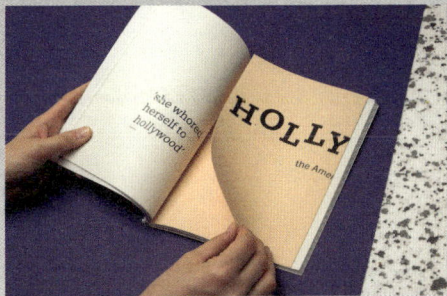
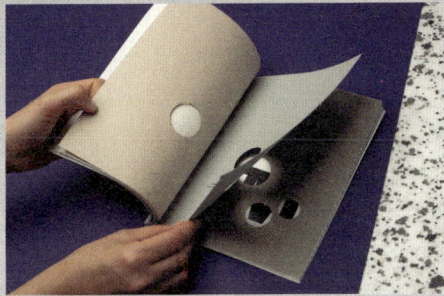

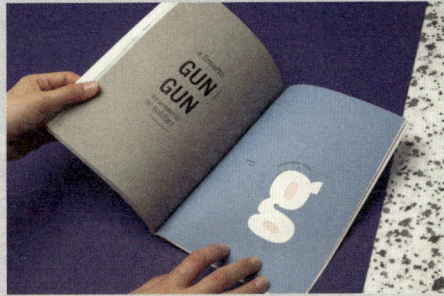

Adaptability
The ability for a design to be used in a variety of different formats, media and locations.

Adaptation
The modification of an original design to suit another purpose.

Appropriation
The incorporation of an element or motif from another design in a piece of work.

Barriers
Rules, laws and other conditions that present obstacles or impediments to the potential success of a design. Barriers include technical standards and the purchasing and distribution power of key competitors.

Brainstorming
A creative group approach to developing ideas and originating solutions during the ideation stage of the design process.

Brand
A symbol, mark, word or phrase that identifies and differentiates a product, service or organization from its competitors.

Brief
The client's requirements for a design job. The brief contains a specific goal that is to be met by the design.

Character profiles
Written and graphic information that creates a mental model that defines a particular group of people. Character profiles can be augmented with visual clues to construct an image of the life led by a fictional representative member of the group.

Cognition
Understanding, knowing or interpretation based on what has been perceived, learned or reasoned.

Continuity
The maintenance of specific design traits through different design jobs.

Denotation
The literal and primary meaning of an image or graphic.

Design process
Seven steps (define, research, ideate, prototype, select, implement and learn) through which a design job progresses from start to completion.

Design vocabulary
How design elements and styles communicate through how they look, are presented or dressed.

Design voice
The tone of a visual communication, which determines how it is received and interpreted.

Drivers
The knowledge and conditions that initiate and support activities for which a design was created.

These include market forces, fashions and trends of the day, and consumer expectations.

Eclecticism
The incorporation of elements from different sources to express a diverse array of ideas linked to the central theme.

Feedback
The learning stage of the design process where the client and design agency seek to identify what worked well during the design process and where there is room for improvement.

Flexibility
A design quality that can sustain broad appeal across different applications to reach a target audience in different environments.

Homage
Respect or honor shown for a particular work, artist or genre through a design.

Icon
A graphic element that represents an object or person.

Ideate
The creative stage of the design process where potential design solutions are generated using research.

Imitation
The copy, reproduction or adaptation of a design or image seen elsewhere.

Implementation
The point at which a design is produced and put into effect.

Index
A sign that features a direct link between the sign and the object.

Neologism
A new word, expression or usage, or one devised relatively recently.

Onomatopoeia
Words that echo the sounds that their meaning denotes.

Opposition
When two or more ideas compete, conflict or resist each other, resulting in an antagonistic relationship.

Paradox
An idea or statement that includes conflicting ideas or that contradicts itself.

Parody
The mocking of an original work through the use of humor or satire.

Personification
The abstract representation of particular aims, attributes or characteristics of a company, product or program in a graphic device that is clearly recognizable by a target group.

Point of difference
The combination of values and attributes that differentiates a company or product from all other similar companies or products. Also called unique selling point (USP).

Proposition
The general idea and values that a design will present to a target audience.

Prototype
A trial to test the technical or aesthetic feasibility of a design idea.

Qualitative
Information that allows the design team to understand why things are as they are.

Quantitative
Numerical or statistical information that enables a design team to put physical dimensions to a target market, such as total market sales value and annual sales volume.

Refinement
Working up a design idea towards its final form by making subtle changes to design elements such as resizing, recoloring, repositioning and modifying them to obtain the required tone or emphasis.

Renard numbers
A system of preferred numbers that offers a controlled approach to space division to produce a balanced design.

Research
Quantitative and qualitative information related to the subject of a design job that is fed into the idea generation process. Research can originate from primary sources such as consumer surveys or secondary research such as consumer market research reports.

Resolve
To decide, bring to a conclusion or end a design idea by working it up into a final form.

Semiotics
An explanation of how people extract meaning from words, sounds and pictures. Semiotics has three classifiers: the sign, the system and the context.

Sign
An easily recognised visual device used to communicate short, important messages.

Symbols
A pictorial element that communicates a concept, idea or object, but without a logical link between them.

Typogram
The deliberate use of typography to visually express an idea through more than just the letters that constitute the word.

Visual metaphor
A visual device that refers to something it typically does not denote.

术语汇编

索引

Agency	Contact	Page number
3 Deep	www.3deep.com.au	81, 109,137
Brody Associates	www.brody-associates.com	19, 71, 161
Cartildge Levene	www.cartlidgelevene.co.uk	159
Daniel Eatock	www.danieleatock.com	105
Design is Play	www.designisplay.com	121, 122, 173-175
Ever After Brand	www.everafterbrand.com	59, 79, 101
Frost* Design	www.frostdesign.com.au	21, 27
Futro	www.futro-icb.com	3, 94-95, 102-103, 140, 141
Gavin Ambrose	www.gavinambrose.co.uk	7, 69, 155
Lavernia & Cienfuegos	www.lavernia-cienfuegos.com	63, 85, 86-87, 124-125, 127
McKinney	www.mckinney.com	114-115
Mark Studio	www.markstudio.co.uk	55, 99, 153
Miha Artnak	www.artnak.net	91
mousegraphics	www.mousegraphics.gr	88 89, 112-113, 123
Moving Brands	www.movingbrands.com	43
Multipraktik	www.multipraktik	27, 117, 135
Navyblue	www.Navyblue.com	51, 163
NB Studio	www.nbstudio.co.uk	29, 30, 31, 37, 92, 134
Pentagram	www.pentagram.com	97, 131
Peter and Paul	www.peterandpaul.co.uk	158, 167, 169
Peter Gregson Studio	www.petergregson.com	11
Planning Unit	www.planningunit.com	72, 73, 75, 110-111, 170-171
Purpose	www.purposedesign.co.uk	148, 150-151
Richard Wilkinson	www.richard-wilkinson.com	83, 139
SEA	www.seadesign.co.uk	15
Second Story	www.secondstory.com	145-147
Studio Myerscough	www.studiomyerscough.co.uk	9, 48, 53
Studio Output	www.studio-output.com	35, 61, 76, 93
Tanner Christensen	www.tannerchristensen.com	45, 47
The Creative Method	www.thecreativemethod.com	128
The Team	www.theteam.co.uk	17, 23
Thomas Manss	www.manss.com	118-119
Unthink	www.unthink.ie	32, 107, 157
Urbik	www.urbik.co.uk	101, 152, 159
Webb & Webb	www.webbandwebb.co.uk	57, 65, 66, 67
Why Not Associates	www.whynotassociates.com	165
Ziga Aljaz		91
Ziggurat Brands	www.zigguratbrands.com	133

Additional credits:

Startup Vitamins	www.startupvitamins.com	45, 47
Getty images	www.gettyimages.co.uk	29

pp 176-179 Richard Kuin; p 180 Tree Abraham; p 181 Stephanie Hope and Henrik Hjorth Austad; pp 182-183 Sam Barclay; pp 184-185 Joshua Dean; pp 186-187 Camille Lapham Flores.